위기의 시대, 돌파력!

이기는 성도

위기의 시대, 돌파력!

이기는 성도

지은이 · 이규현

초판 발행 · 2022. 8. 26
등록번호 · 제1988-000080호
등록된 곳 · 서울특별시 용산구 서빙고로65길 38
발행처 · 사단법인 두란노서원
영업부 · 2078-3352 FAX 080-749-3705
출판부 · 2078-3331

책 값은 뒤표지에 있습니다.
ISBN 978-89-531-4308-1 03230

편집부에서 독자의 의견을 기다립니다.
tpress@duranno.com   http://www.Duranno.com

두란노서원은 바울 사도가 3차 전도여행 때 에베소에서 성령 받은 제자들을 따로 세워 하나님의 말씀
으로 양육하던 장소입니다. 사도행전 19장 8-20절의 정신에 따라 첫째 목회자를 돕는 사역과 평신도
를 훈련시키는 사역, 둘째 세계선교(TIM)와 문서선교(단행본·잡지) 사역, 셋째 예수문화 및 경배와
찬양 사역, 그리고 가정·상담 사역 등을 감당하고 있습니다. 1980년 12월 22일에 창립된 두란노서
원은 주님 오실 때까지 이 사역들을 계속할 것입니다.

위기의 시대, 돌파력

이기는 성도

에스더서에서 배우는 위기 극복

이규현 지음

두란노

△

차례

△Part 1
위기를 기회로
만드시는 하나님

아무리 꽉 막힌 절망 중이라도
길은 하나님이 내십니다

위기의 시대입니다. 현실은 한 치 앞도 예상하기 힘들고, 미래를 바라보는 시선에는 불안의 그림자가 깊게 드리워져 있습니다. 잠시만 숨을 돌려도 한순간에 벼랑 끝으로 내몰릴 수 있습니다. 믿음의 길을 걷고자 하면 힘겨운 싸움을 각오해야 합니다. 어설픈 신앙의 태도로는 미래를 전망할 수 없습니다.

이런 세상 속에서 그리스도인의 입지는 점점 좁아지고 있습니다. 한국 교회는 성장이 멈춘 지 오래되었습니다. 교회와 그리스도인을 바라보는 사회적인 시선도 많이 달라졌습니다. 이제는 기독교에 대한 우호적 감정을 믿지 않는 사람들에게서 기대하기 어렵습니다. 배타성이 뚜렷해졌습니다. 포스트 코로나 시대는 이런 상황이 더욱 가속화될 전망입니다.

그러니 세상에서 그리스도인의 정체성을 지키며 사는 것이 쉽겠습니

이기는 성도

까? 신앙의 길을 걷고자 한다면 불이익을 감수해야 합니다. 그리스도인의 정체성을 지키는 것 자체가 힘겨운 싸움입니다. 때로는 정체성을 드러내는 순간 위기에 내몰릴 수도 있습니다. 세상은 우리가 유혹 앞에 무너지거나 배교의 길을 걷도록 드세게 몰아붙입니다.

그래서 우리는 더더욱 에스더서를 다시 읽어야 합니다. 에스더서를 살펴보는 내내 당시 시대적 상황이 오늘날과 매우 흡사하게 맞물려 있다는 것을 확인했습니다. 에스더는 타국에서, 배타적인 환경 속에서 이방인으로 살았습니다. 더군다나 곧 죽을지 모를 총체적 위기 상황이었습니다. 긴장과 갈등, 대립과 충돌이 있었고, 불법과 폭력이 난무했습니다. 설상가상으로 유대 공동체는 집단 살육극이라는 가공할 만한 음모 앞에 놓였습니다.

참으로 기구한 운명입니다. 악한 자의 계략이 난무하는 곳에서 살아남는다는 것은 기적이 아니고서는 불가능합니다. 밤이 지나고 아침에 눈을 뜨면 무슨 일이 벌어질지 알 수 없는 상황에서 에스더와 모르드개의 선택은 생사를 가름하는 일입니다. 에스더서는 이야기의 시작부터 끝까지 손에 땀을 쥐게 하는 스릴과 서스펜스가 이어집니다. 독자들은 이 이야기에서 눈을 떼기 어렵습니다.

혼란한 시대를 살아가는 우리에게 에스더서는 많은 답을 알려 주고 있습니다. 생사가 달려 있는 상황 속에서 에스더의 믿음의 결단은 빛과 어둠을 갈랐습니다. 에스더는 "죽으면 죽으리이다"의 각오로 나아갔습니다. 현실의 벽을 돌파했습니다. 이처럼 우리에게도 매 순간 결단과 각오가 필요합니다. 위기 속에서 생명을 걸고 그리스도인의 자존심을 지켜야 합니다. 한 치 앞도 보장할 수 없지만 믿음의 승부수를 던져야 합니다. 위기 속에서 잔꾀는 통하지 않습니다. 적당히 위기를 모면하려고 하면 더 험악해질 수 있습니다. 이런 때는 오로지 정공법만이 사는 길입니다.

길은 하나님이 내십니다. 살고자 하면 죽고, 죽고자 하면 살길이 열립니다. 모든 것은 하나님의 손에 달려 있습니다. 눈에 보이는 힘은 연기처럼 사라질 것입니다. 돈도, 인기도, 권력도 유한합니다. 그것이 전부인 것처럼 보이는 착시현상을 이겨 내야 합니다.

우리가 두려워해야 할 대상은 하나님밖에 없습니다. 하나님은 위기를 기회로 바꾸시는 데 고수이십니다. 극적 반전을 통해서 하나님이 누구신지를 선명하게 드러내십니다. 칠흑같이 어두운 상황에서도 하나님의 섭리는 작동되고 있습니다. 앞이 보이지 않아도 절망하지 말아야 합니다. 오늘도 우리의 이야기 속에 하나님은 일하고 계십니다. 하나님의 백성은 승리할 것입니다. 에스더와 함께하신 하나님이 오늘 우리와 함께하실 것입니다. 아무쪼록 이 책을 읽는 독자들에게 용기와 소망과 다시 영적 전열을 가다듬는 은혜가 있기를 기대합니다.

이 책의 출판을 위해 수고하신 분들에게 감사를 드립니다. 두란노 편집팀에게, 그리고 수영로교회 김재덕 목사와 편집팀에게도 감사의 마음을 전합니다. 또 언제나 탁월한 청중인 수영로교회 성도들과 신실한 동역자인 아내에게도 감사의 인사를 전합니다. 모든 영광을 하나님께 올립니다.

2022년 8월 해운대에서

이규현 목사

Part 1

ESTHER

위기를 기회로
만드시는 하나님

1
우연은 없다

에스더 1장 1-12절

1 이 일은 아하수에로왕 때에 있었던 일이니 아하수에로는 인도로부터 구스까지 백이십칠 지방을 다스리는 왕이라

2 당시에 아하수에로왕이 수산 궁에서 즉위하고

3 왕위에 있은 지 제삼년에 그의 모든 지방관과 신하들을 위하여 잔치를 베푸니 바사와 메대의 장수와 각 지방의 귀족과 지방관들이 다 왕 앞에 있는지라

4 왕이 여러 날 곧 백팔십 일 동안에 그의 영화로운 나라의 부함과 위엄의 혁혁함을 나타내니라

5 이날이 지나매 왕이 또 도성 수산에 있는 귀천간의 백성을 위하여 왕궁 후원 뜰에서 칠 일 동안 잔치를 베풀새

6 백색, 녹색, 청색 휘장을 자색 가는 베 줄로 대리석 기둥 은고리에 매고 금과 은으로 만든 걸상을 화반석, 백석, 운모석, 흑석을 깐 땅에 진설하고

7 금 잔으로 마시게 하니 잔의 모양이 각기 다르고 왕이 풍부하였으므로 어주가 한이 없으며

8 마시는 것도 법도가 있어 사람으로 억지로 하지 않게 하니 이는 왕이 모든 궁내 관리에게 명령하여 각 사람이 마음대로 하게 함이더라

9 왕후 와스디도 아하수에로왕궁에서 여인들을 위하여 잔치를 베푸니라

10 제칠일에 왕이 주흥이 일어나서 어전 내시 므후만과 비스다와 하르보나와 빅다와 아박다와 세달과 가르가스 일곱 사람을 명령하여

11 왕후 와스디를 청하여 왕후의 관을 정제하고 왕 앞으로 나아오게 하여 그의 아리따움을 뭇 백성과 지방관들에게 보이게 하라 하니 이는 왕후의 용모가 보기에 좋음이라

12 그러나 왕후 와스디는 내시가 전하는 왕명을 따르기를 싫어하니 왕이 진노하여 마음속이 불붙는 듯하더라

하나님이 계신 것 같지 않은
순간에도

우리는 살면서 하나님을 놓칠 때가 많습니다. 보이지 않고 들리지 않는다고 하나님의 손을 놓아 버리고 맙니다. 특히 시련이 닥치면 하나님보다 상황이 더 크게 보여 모든 것이 무너진 듯, 다 끝난 듯합니다. 벼랑 끝에 서 있어 이제는 죽을 일만 남은 것 같습니다. 그럴 때는 사람과 사건만 크게 보이고 절망만 남습니다. 하나님이 보이지 않고, 과연 살아계신 것이 맞나 하는 생각이 들 수도 있습니다. 하나님이 계시다면 어떻게 내게 이런 일이 일어날 수 있나 생각합니다.

신앙생활을 하지만 하나님이 계시지 않는 것 같은 생각에 마음이 불편한 성도가 있습니까? 그러나 우리 인생에 위기 상황이 악화될수록 하나님은 분명하게 개입하십니다. 우리를 찾아와 삶 속에서 일하십니다. 우리에게 분명한 사인(sign)을 보여 주십니다. 그런데도 우리는 알아채지 못합니다. 시간이 지난 후에야 그 일이 하나님의 사인이었음을 깨닫습니다. 따라서 우리는 시련이 닥쳤을 때 더욱 '하나님이 어디 계신가'를 생각해야 합니다.

우리는 에스더서를 통해서 보이지 않지만 분명히 계셔서 도우시는 하나님을 발견합니다. 에스더서에는 '하나님'이라는 단어를 찾아볼 수 없습니다. 비기독교인이 에스더서를 읽는다면, 고대 국가의 왕실에서 일어난 흥미로운 이야기로 여길 수도 있습니다. 그러나 하나님은 에스더서 전체에서 매우 열심히 일하십니다. 하나님은 에스더서의 페이지마다 분명히 계십니다. 마치 숨은그림찾기를 하는 것과 같습니다. 언뜻 봐서는 아무것도 없는 것 같지만 세심하게 살펴보면 숨은 그림을 찾을 수 있습니다. 마찬가지로 에스더서를 자세히 보지 않으면 하나님을 놓칠 수 있습니다.

그래서 에스더서에서는 행간을 읽어야 합니다. 이야기 속에서, 문장 사이에서 하나님의 숨결을 느껴야 합니다. 그러다 보면 구체적으로 일하시는 하나님을 발견할 수 있습니다. 그러므로 에스더서는 하나님의 임재로 가득한 책이라 할 수 있습니다. 에스더서는 우리를 위로하고, 소망을 줍니다. 또 하나님이 일하시는 모습을 발견하는 눈을 갖게 합니다. 이것이 에스더서를 통해 경험하는 은혜입니다.

우리는 에스더서를 보기 전에 먼저 시대 배경을 이해해야 합니다. 유다인들은 바벨론의 포로가 되어 바사(페르시아) 제국에서 살다가 고레스 칙령에 의해 유대로 귀환했습니다. 그런데 귀환하지 않고 계속 바사 제국에 살던 유다인들이 있었습니다. 그곳에서 유다인의 삶은 매우 처절했습니다. 삶의 권리가 바사 제국에 있었습니다. 바사 제국에서 유다인들은 마치 나라 없는 유랑민과 같이 하루하루 연명하듯 살았습니다. 그들에게는 미래가 없었습니다. 타국에서 나그네로 사는 것은 이처럼 매우 불안합니다. 악한 세력에게 노출되어 죽음의 위협을 경험할 수도 있습니다.

에스더서는 이런 유다 민족에게 역사하신 하나님의 이야기입니다. 하나님은 유다인을 구원하신 사건을 통해 이 땅의 구원 계획이 어떻게 이루어지는가를 보여 주십니다. 하나님의 구원 역사를 더욱 분명히 하십니다. 그래서 에스더서를 보면 이야기가 끝날 듯 끝나지 않습니다. 주인공이 죽을 듯하지만 죽지 않습니다. 우리는 에스더서를 통해 이방의 바사 제국에서 살아가는 유다 민족의 운명이 어떻게 되어 가는지를 알 수 있습니다. 하나님이 섬세하게 역사하시는 모습을 볼 수 있습니다.

갑자기
웬 파티인가

에스더서는 언뜻 보면 평범한 이야기 같습니다. 그러나 자세히 들여다보면, 손에 땀을 쥐게 하는 장면이 계속 이어집니다. 우리는 에스더서를 읽으며 '왜 이런 일이 일어났는가'를 생각해야 합니다. 사건과 사건의 간극을 메워야 합니다. 세상의 역사(歷史)와 하나님의 역사(役事)를 구분하는 시각을 가져야 합니다. 바사 제국이 에스더서의 전면에 드러나지만, 그 속에서 하나님 나라가 어떻게 확장되는가를 주목해야 합니다. 세상이 대단해 보이지만, 하나님 나라 관점으로 보면 대단하지 않습니다. 하나님 나라 관점으로 보면, 역사는 구속사 중심으로 흘러갑니다. 아하수에로는 바사 제국의 왕이지만 실상은 하나님의 통치 아래에 있습니다. 역사는 하나님이 통치하십니다. 그러므로 세상의 권력을 가진 왕과 참 권력을 가지신 하나님을 구분해야 합니다. 허상과 실상을 구분해야 합니다.

에스더서는 화려한 잔치로 시작합니다. 아하수에로왕이 바사 제국의 왕으로 즉위한 후 잔치를 벌였습니다.

"당시에 아하수에로왕이 수산 궁에서 즉위하고 왕위에 있은 지 제삼년에 그의 모든 지방관과 신하들을 위하여 잔치를 베푸니 바사와 메대의 장수와 각 지방의 귀족과 지방관들이 다 왕 앞에 있는지라" 1:2-3

이 잔치에는 고관대작이 초대받았습니다. 각 지방의 권력 실세들이 다 모였습니다. 왕의 잔치에 초대받는 것은 특권이요 영광이었습니다. 3절 이후부터는 왕이 벌인 잔치를 묘사하고 있습니다.

"백색, 녹색, 청색 휘장을 자색 가는 베 줄로 대리석 기둥 은고리에 매고 금과 은으로 만든 걸상을 화반석, 백석, 운모석, 흑석을 깐 땅에 진설하고" 1:6

대리석 기둥에 화려한 휘장들이 매여 있습니다. 걸상은 금과 은으로 만들어졌습니다. 바닥에는 화반석, 백석, 운모석, 흑석 같은 각종 귀한

보석이 깔려 있습니다.

> "금 잔으로 마시게 하니 잔의 모양이 각기 다르고 왕이 풍부하였으므로
> 어주가 한이 없으며" 1:7

술을 금으로 된 잔에 부어 마셨는데, 잔의 모양이 각기 달랐습니다. 이것은 부유한 집안의 특징입니다. 가난한 집에는 그릇이 단출합니다. 때로는 그릇의 용도를 구분하지 않고 사용하기도 합니다. 그러나 부잣집에는 그릇이 많고 그 용도도 다릅니다. 그릇에 따라 맛이 달라지는 것은 아니지만, 사람들에게 보여 주기 위해 그릇을 많이 사용하는 것입니다. 오늘날도 마찬가지입니다. 그릇이 화려하고 종류도 많습니다. 이것은 물질주의 중심의 세상에서 사는 사람들이 즐거움을 추구하는 방식입니다.

이런 호화로운 잔치는 6개월 동안 진행됩니다. 제정신이 아닌 듯합니다. 심지어 "마시는 것도 법도가 있어 사람으로 억지로 하지 않게 하니 이는 왕이 모든 궁내 관리에게 명령하여 각 사람이 마음대로 하게"(1:8)했습니다. 사람들은 실컷 먹고 마셨습니다.

아하수에로왕은 왜 잔치를 벌였을까요? 그는 자신이 대단한 왕이라고 과시하고 싶었습니다. 큰 잔치를 벌여 왕의 권세와 위용을 드러내고, 바사 제국에서 자신과 비교할 상대가 없음을 선포했습니다. 왕이라는

지위는 최고의 자리이지만 아하수에로왕은 만족하지 않았습니다. 그는 호화로운 잔치를 벌임으로 자신의 존재를 알리고 싶었습니다. 왕의 자리에 있었지만 불안했던 것입니다.

아하수에로왕은 누가복음 16장에 등장하는 부자의 모습과 비슷합니다. 부자는 "자색 옷과 고운 베옷을 입고 날마다 호화롭게"(눅 16:19) 즐겼습니다. 그는 어쩌다 한 번 잔치한 것이 아닙니다. 날마다 잔치하며 호화롭게 즐겼습니다. 돈이 많아서 날마다 잔치한 것은 아닐 것입니다. 왜 그랬을까요?

첫째, 불안하기 때문입니다. 부자는 매일 호화롭게 즐기며 살았지만, 마음 깊은 곳에는 늘 결핍이 자리하고 있었습니다. 내면의 목마름이 해소되지 않았고, 욕구가 채워지지 않았습니다. 내면의 불안이 매우 깊었습니다. 그래서 그는 날마다 잔치를 열지 않을 수 없었습니다. 둘째, 외로웠기 때문입니다. 외로움은 큰 고통입니다. 자신을 스스로 만족시키며 사는 사람은 외로울 수밖에 없습니다.

아하수에로왕도 마찬가지입니다. 그는 고관대작을 비롯하여 잔치에 참석한 사람들이 자신을 주목하기를 바랐습니다. 그래서 호화로운 잔치를 즐겼습니다. 성대한 잔치 이면에는 아하수에로왕의 불안, 결핍, 낮은 자존감 등이 숨어 있습니다. 그는 왕이었지만, 자존감이 매우 낮았습니다. 그는 자신의 존재를 드러내기 위해 노력했습니다. 신하들이 자신을 향해 박수치지 않고 환호하지 않으면 참지 못했습니다.

에스더서 1장은 거대한 세상 나라의 모습과 이면을 동시에 보여 줍니다. 아하수에로왕의 화려한 잔치는 물질주의와 성공주의로 가득한 세상의 단면을 보여 줍니다. 화려한 잔치가 벌어지면 사람들은 그 화려함에 마음을 빼앗깁니다. 그러나 우리는 화려함 뒤에 숨겨진 것, 드러난 사건 이면에 감추어진 것을 볼 수 있어야 합니다. 화려한 바사 제국, 화려한 잔치 이면에 외로워하고 불안해하는 아하수에로왕의 내면을 동시에 볼 수 있어야 합니다.

권력에 취한 자의 착각

모든 것을 할 수 있는 것은 자유가 아닙니다. 모든 것을 할 수 있지만, 하지 않는 것이 자유입니다. 돈이 있고 마음껏 누릴 수 있지만, 절제하는 것이 참 자유입니다.

다니엘서를 보면, 다니엘과 그의 세 친구는 왕의 음식과 그가 마시는 포도주로 자기를 더럽히지 않겠다고 뜻을 정하고 그것들을 거부했습니다. 그들은 이방 나라의 문화에 휩쓸릴 수 없어서 단호하게 저항했습니다. 그들은 하나님 나라 백성으로서의 정체성을 생명처럼 지켰습니다. 이렇게 강단 있게 마음을 지킬 줄 아는 자야말로 참 자유를 누리는 사람이라고 할 수 있습니다.

에스더서 1장은 세속적 힘, 권력, 영광, 부를 부각해서 보여 줍니다. 아하수에로왕은 부와 권세가 있었습니다. 그는 모든 것을 자기 뜻대로 움직일 수 있는 사람으로 보입니다. 모든 것이 그의 손에 의해 움직이는 것으로 착각할 만큼 아하수에로왕의 권세는 대단했습니다. 이것은 세상이 추구하는 것과 일맥상통합니다. 세상은 권세가 얼마나 무서운 것인지, 그 힘이 어떻게 작동하는지를 강조합니다. 언뜻 보면 그리 말하는 세상의 이치가 맞는 듯합니다. 그러나 사람이 가진 힘은 한계가 있습니다. 성경은 세상의 힘이 우습게 무너지는 모습을 보여 줍니다.

아하수에로왕이 술에 잔뜩 취해 호기를 부렸습니다. 자신의 명령을 누구도 거스를 수 없음을 사람들에게 보여 주고 싶었습니다. 그래서 잔치가 절정에 이르렀을 때 왕후를 나아오게 했습니다.

> "왕후 와스디를 청하여 왕후의 관을 정제하고 왕 앞으로 나아오게 하여 그의 아리따움을 뭇 백성과 지방관들에게 보이게 하라 하니 이는 왕후의 용모가 보기에 좋음이라" 1:11

왕후 와스디는 아리따웠고 왕은 그 미모를 자랑하고 싶었던 것 같습니다. 아하수에로왕은 이미 호화로운 잔치로 자신의 부와 권력을 자랑했으면서도 만족하지 못하고, 왕후의 아름다움까지 자랑하고 싶어 했습니다. 만약 왕후 와스디가 명령대로 왕후의 관을 정제하고 왕 앞으로 나아갔다면, 잔치는 더욱 화려하게 마무리되었을 것입니다.

아하수에로왕은 왕후 와스디가 자신의 말에 순종할 것이라고 생각했습니다. 그런데 왕이 생각하지 못한 일이 일어났습니다.

> "그러나 왕후 와스디는 내시가 전하는 왕명을 따르기를 싫어하니 왕이 진노하여 마음속이 불붙는 듯하더라" 1:12

왕후 와스디는 아하수에로왕의 명령을 따르지 않았습니다. 그동안 왕의 명령을 따르지 않은 사람은 한 사람도 없었습니다. 그가 고관대작들을 잔치에 초대했을 때 모두 기뻐하며 달려왔습니다. 왕의 초대는 그들이 누리는 특권이요 영광이라고 생각했기 때문입니다. 그런데 왕후가 왕의 명령을 따르지 않아 바사 제국 왕의 체면이 구겨졌습니다.

춤과 음악으로 흥이 올랐던 잔치 분위기는 한순간에 얼어붙었습니다. 음악이 멈추고 즐거움이 사라졌습니다. 아하수에로왕은 진노로 얼굴이 한순간에 일그러졌습니다. 그의 마음이 불붙는 듯했습니다. 이것이 사람이 베푼 잔치의 한계입니다.

성경에는 왕후 와스디가 왜 아하수에로왕의 명령을 따르지 않았는지 기록되어 있지 않습니다. 생각하건대, 그녀는 남자들이 모여 술을 마시는 자리에 자신이 무희처럼 동원되는 것을 원치 않았을 것입니다. 왕이 자신의 미모를 자랑하려고 부른 것을 알아챘을 것입니다. 품위를 갖춘 왕후로서 모멸감을 느꼈을지도 모릅니다. 아하수에로왕이 자신을 소유물로 여기는 것을 불쾌하게 생각했을 것입니다.

고대사회에서는 여인이 남편 외의 사람 앞에서 몸을 드러내는 것을 매우 꺼렸습니다. 그런데 아하수에로왕은 왕후를 배려하지 않고 자기 마음대로 행동했습니다. 이것이 권력을 가진 사람의 약점입니다. 우리를 취하게 하는 것은 술만이 아닙니다. 인간은 권력에도 취합니다. 권력을 가진 사람은 자신이 모든 것을 움직일 수 있다고 생각합니다. 아하수에로왕도 그랬을 것입니다. 마음만 먹으면 못 이룰 일이 없다고 생각했을 것입니다. 그러나 아하수에로왕은 왕후의 마음은 움직이지 못했습니다.

사극을 보면, 왕은 화려한 옷을 입고 왕좌에 앉아 있습니다. 그런데 왕은 할 수 있는 것보다 할 수 없는 것이 더 많습니다. 왕의 주변에는 충신보다 간신이 더 많습니다. 그리고 왕비와 후궁들은 왕의 주변에서 음모를 꾸밉니다. 왕은 그 속에서 한계를 경험합니다. 그럼에도 불구하고 사람은 권력을 추구합니다. 그러나 우리는 에스더서 1장을 보면서 왕도 할 수 없는 것이 있다는 사실을 알았습니다. 왕이 베푼 잔치는 미묘하게 끝나 버렸습니다.

사건 속에서

하나님의 지문을 읽으라

거절당해 본 적 없는 사람이 거절당하면 굉장히 큰 충격을 받습니다. 아하수에로왕은 이 사건으로 왕의 권위가 훼손되었다고 생각했습니다. 그는 모욕감을 느꼈습니다. 아마도 그동안 아하수에로왕의 주위에는 예스맨(Yes man)만 있었을 것입니다. 그는 'No'라는 말을 한 번도 들어 보지 못했을 것입니다. 그는 바사 제국의 그야말로 신적인 존재였습니다. 그가 말하는 것이 곧 법이었습니다. 그런데 그런 왕에게 왕후 와스디가 'No'라고 말한 것입니다. 아하수에로왕은 대노했고 이성을 잃었습니다. 그 후폭풍이 만만치 않았을 것이라고 짐작할 수 있습니다.

왕후 와스디의 불순종은 아하수에로왕에게도 중요한 시험대가 됩니다. 왕의 명령을 어긴 사람을 엄벌로 다스려야 왕권이 유지되기 때문입니다. 그래야 수많은 백성에게 왕의 위엄을 보일 수 있기 때문입니다. 이번 사건은 백성들에게 큰 영향을 끼칠 수 있었습니다. 결코 사소한 일이 아니었습니다. 그뿐만이 아닙니다. 이 사건은 에스더서 전체를 놓고 보더라도 의미가 큽니다. 새로운 사건의 발단이 되기 때문입니다.

왜 이런 일이 일어난 걸까요? 왜 하필 아하수에로왕은 잔치 자리에 왕후 와스디를 불렀고, 왕후는 이 명령을 거절한 걸까요? 과연 아하수에로왕은 왕후 와스디가 자신의 명령에 불순종할 것을 전혀 예상하지 못했을까요? 이 모든 일이 그저 우연히 일어났을까요? 우리는 에스더서의 이야기가 흘러가는 방향을 자세히 살펴보아야 합니다. 이 사건들은 결코 우연이 아닙니다. 이것이 에스더서가 말하려는 것입니다.

에스더서를 읽는 동안 우리는 "하나님은 어디에 계시는가"라고 질문할지 모릅니다. 에스더서에서 하나님의 역사는 눈에 띄게 드러나지 않습니다. 사람들은 하나님이 음성을 들려주시거나 능력을 행하시는 모습을 통해 그분의 살아계심을 믿습니다. 그런데 에스더서에서는 하나님이 음성을 들려주시지도, 능력을 행하는 모습을 보이시지도 않습니다. 에스더서에서 하나님은 전혀 다른 방식으로 역사하십니다. 자세히 들여다봐야만 하나님의 역사를 발견할 수 있습니다.

에스더서를 보면 우연처럼 느껴지는 일이 많습니다. 그러나 그 사건 속에서 하나님의 손길을 느낄 수 있습니다. 에스더서를 읽는 우리에게는 믿음이 있어야 합니다. 사건 가운데 하나님이 개입하시는 모습을 볼 수 있어야 합니다. 사람의 감정 변화, 행동 가운데 하나님이 개입하셔서 방향을 바꾸어 가시는 것을 볼 수 있어야 합니다. 화려한 잔치를 통해 바사 제국의 위용과 아하수에로왕의 권력이 드러난 것, 왕이 왕후를 초대했지만 왕후 와스디가 거절한 것, 이로 인해 아하수에로왕이 분노한 것 등 드러난 사건만 보아서는 안 됩니다. 눈을 크게 뜨면, 아하수에로왕의 어리석은 행동을 발견할 수 있습니다. 그리고 본문 가운데 하나님의 역사하심을 볼 수 있습니다. 하나님은 에스더서 안에서 일어나는 모든 사건 속에 깊이 개입하십니다.

믿음은 열린 눈으로 세상을 보게 합니다. 믿음의 사람은 사건 속에서 하나님의 지문을 읽습니다. 역사 속에서 하나님의 발자국을 발견합니다. 개인의 삶에서도 마찬가지입니다. 하나님은 매일의 삶을 인도하십니다. 그럼에도 우리는 하나님이 기도에 응답하시지 않는다고 생각할 때가 많습니다. 그것은 믿음 없는 생각일 뿐입니다. 하나님은 멀리 계신 분이 아니라 우리와 가까운 곳에서 매우 섬세하게 일하시는 분입니다. 하나님은 우리 삶 모든 사건에 매우 구체적으로 관여하십니다. 일상 속에서 역사하시는 하나님을 발견하기 바랍니다. 우리 삶 속에 임재하신 하나님을 깊이 경험하기 바랍니다. 하나님은 성실하십니다.

그러니 빨리 결론을 내려고 하지 마십시오. 신앙은 보는 것입니다. 일상을 자세히 살펴 하나님의 일하심을 보기 바랍니다. 믿음의 눈으로 하나님을 바라보기 바랍니다. 하나님은 다양한 방식으로 자신을 드러내십니다. 삶 가운데 하나님이 역사하신 흔적을 발견한다면 가슴이 벅찰 것입니다. 그것을 발견하면 일상이 흥미진진해질 것입니다. 상황이 어려울 때 낙심하지 말고 믿음을 가지고 당당하게 살아가기 바랍니다.

2
주인공은
따로 있다

13 왕이 사례를 아는 현자들에게 묻되 (왕이 규례와 법률을 아는 자에게 묻는 전례가 있는데

14 그때에 왕에게 가까이 하여 왕의 기색을 살피며 나라 첫 자리에 앉은 자는 바사와 메대의 일곱 지방관 곧 가르스나와 세달과 아드마다와 다시스와 메레스와 마르스나와 므무간이라)

15 왕후 와스디가 내시가 전하는 아하수에로왕의 명령을 따르지 아니하니 규례대로 하면 어떻게 처치할까

16 므무간이 왕과 지방관 앞에서 대답하여 이르되 왕후 와스디가 왕에게만 잘못했을 뿐 아니라 아하수에로왕의 각 지방의 관리들과 뭇 백성에게도 잘못하였나이다

17 아하수에로왕이 명령하여 왕후 와스디를 청하여도 오지 아니하였다 하는 왕후의 행위의 소문 이 모든 여인에게 전파되면 그들도 그들의 남편을 멸시할 것인즉

18 오늘이라도 바사와 메대의 귀인들이 왕후의 행위를 듣고 왕의 모든 지방관들에게 그렇게 말하리니 멸시와 분노가 많이 일어나리이다

19 왕이 만일 좋게 여기실진대 와스디가 다시는 왕 앞에 오지 못하게 하는 조서를 내리되 바사와 메대의 법률에 기록하여 변개함이 없게 하고 그 왕후의 자리를 그보다 나은 사람에게 주소서

20 왕의 조서가 이 광대한 전국에 반포되면 귀천을 막론하고 모든 여인들이 그들의 남편을 존경 하리이다 하니라

21 왕과 지방관들이 그 말을 옳게 여긴지라 왕이 므무간의 말대로 행하여

22 각 지방 각 백성의 문자와 언어로 모든 지방에 조서를 내려 이르기를 남편이 자기의 집을 주관 하게 하고 자기 민족의 언어로 말하게 하라 하였더라

이기는 성도

타협을 거절하는
지조

살아가면서 전혀 예상하지 못한 일이 일어날 때가 있습니다. 말 한 마디가 일파만파 퍼져 걷잡을 수 없는 사건으로 번져 가기도 합니다.

왕후 와스디가 아하수에로왕의 명령을 거절한 사건은 큰 후폭풍을 일으켰습니다. 와스디는 선택의 대가가 얼마나 혹독한가를 알고 있었습니다. 그럼에도 그녀는 용기를 보여 주었습니다. 그녀는 바사 제국의 왕후 자리를 포기하는 대신 자존심을 지키는 쪽을 선택했습니다.

우리도 이런 일을 겪을 때가 있습니다. 사회적인 지위를 지킬 것인가, 신자로서 의무를 다할 것인가의 갈림길에 섭니다. 세상에서 신앙인의 지조를 지키려다 보면, 유혹이 많습니다. 그럴 때 우리는 신자의 길을 가기로 결단해야 합니다. 하지만 결정 이후의 결과를 생각하지 않을 수 없습니다. 괜히 신앙인의 길을 가겠다고 했다가 후폭풍 당할 것을 생각하면 쉽게 결단이 서지 않습니다. 그러다가 타협하고 맙니다.

신앙인에게 가장 무서운 것은 타협입니다. 우리는 현실을 생각하면서 세상과 타협하고 싶어 합니다. 거절하는 순간 자신의 지위를 잃어버릴 수도 있고, 친구를 잃을 수도 있습니다. 외톨이가 될 수도 있고, 재정의 손실을 경험할 수도 있습니다. 그래서 현실과 믿음 사이에서 갈등합니다. 현실이 잔인하게 느껴집니다.

그러나 세상 속에서 신앙을 지키고 살아가려면 '예스'(Yes)보다 '노'(No)라고 대답해야 합니다. 신앙은 치열한 전쟁입니다. 후폭풍에 주목하면 쉽게 거절할 수 없습니다. 말씀에 순종하기 어렵습니다. 결과를 분명히 알면서 오랫동안 고민하는 것은 불순종한 것과 마찬가지입니다. 거절하지 못하면, 진흙탕 같은 세상 속에서 세상 사람들과 함께 뒹굴어야 합니다. 그러므로 거절하는 것은 매우 용기 있는 행동입니다.

오늘날 세상의 기준이 많이 낮아졌습니다. 기준이 높을수록 거절해야 할 것이 많아지지만, 우리는 기준이 무너진 세상에서 살고 있습니다. 기준의 실종 시대라고 해도 과언이 아닙니다. 기준이 없으면 사사시대처럼 됩니다. 사람마다 자기 소견에 옳은 대로 행하게 됩니다. 사람들은 영혼 없이 끌려다닙니다. 그렇게 되면 신자로서의 정체성은 사라집니다.

우리는 거절하는 것을 두려워해서는 안 됩니다. 결단한 이후의 대가를 두려워해서는 안 됩니다. 하나님이 계신 것과 우리를 보호해 주신다는 사실을 믿어야 합니다. 하나님이 우리와 함께하십니다. 하나님은 우리를 그냥 죽게 하지 않으십니다.

왕후 와스디는 거절을 두려워하지 않았습니다. 그런 그녀의 모습은 지조 있고 당차 보입니다. 반대로 아하수에로왕은 허약해 보입니다. 술에 거나하게 취한 취객의 모습을 연상시킵니다. 아하수에로왕의 모습에서 바사 제국의 왕권이 조악하다는 것을 느낄 수 있습니다.

사람의 음모와
그 위의 하나님

아하수에로왕은 왕후 와스디의 불순종 때문에 분노했습니다. 마음 속이 불붙는 듯했습니다. 그러나 곧바로 왕후를 어떻게 처벌할지 결정을 내리지 않았습니다. 대신 현자들에게 "왕후 와스디가 내시가 전하는 아하수에로왕의 명령을 따르지 아니하니 규례대로 하면 어떻게 처치할까"(1:15)라고 물었습니다. 질문을 받은 현자들은 왕에게 "왕후 와스디가 왕에게만 잘못했을 뿐 아니라 아하수에로왕의 각 지방의 관리들과 뭇 백성에게도 잘못하였나이다"(1:16)라고 대답했습니다.

그러면서 "아하수에로왕이 명령하여 왕후 와스디를 청하여도 오지 아니하였다 하는 왕후의 행위의 소문이 모든 여인들에게 전파되면 그들도 그들의 남편을 멸시할 것인즉 오늘이라도 바사와 메대의 귀부인들이 왕후의 행위를 듣고 왕의 모든 지방관들에게 그렇게 말하리니 멸시와 분노가 많이 일어나리이다"(1:17-18)라고 했습니다.

이 말은 왕후 와스디의 행동이 사회를 어지럽힐 수 있다는 뜻입니다. 그녀가 왕의 명령에 불순종했다는 소문이 나면 각 가정에 영향을 미칠 것이라는 말입니다. 각 가정에서 남편의 위상이 떨어지고 아내는 남편을 멸시할 것이라는 말입니다. 당시 메소포타미아 문화권에서는 아내가 남편에게 복종하는 것이 마땅하다 여겼습니다. 그러므로 왕후 와스디가 아하수에로왕의 명령을 거절한 것은 사회의 근본을 흔드는 행위가 된다고 현자들이 아하수에로왕에게 보고했습니다. 현자들이 모두 판단력을 잃은 듯합니다. 이것은 객관적인 평가가 아닙니다. 현자들이 자신들에게 유리하도록 여론을 조작한 것으로 여겨집니다. '왕후 와스디 폐위'라는 목적을 정해 두고, 이 목적을 이루기 위해 혈안이 된 것으로 보입니다.

결국 왕후 와스디를 폐위하기 위한 특별법이 제정되었습니다.

> "왕이 만일 좋게 여기실진대 와스디가 다시는 왕 앞에 오지 못하게 하는 조서를 내리되 바사와 메대의 법률에 기록하여 변개함이 없게 하고 그 왕후의 자리를 그보다 나은 사람에게 주소서 왕의 조서가 이 광대한 전국에 반포되면 귀천을 막론하고 모든 여인들이 그들의 남편을 존경하리이다 하니라" 1:19-20

현자들이 자의로 법을 만들려고 하는 것 같습니다. 법은 백성의 지지를 받아야 합니다. 시대를 넘어서도 통용되는 법이 좋은 법입니다. 그런데 현자들은 왕의 기분과 감정에 기초하여, 자기들의 이익을 염두에 두고 법을 제정했습니다. 그리고 21절에서 "왕과 지방관들이 그 말을 옳게 여긴지라 왕이 므무간의 말대로 행하여"라고 기록한 것처럼, 아하수에로왕은 왕후 와스디를 폐위하기 위해 급하게 법을 만들었습니다.

므무간은 왕과 가까운 곳에서 왕의 기색을 살피는 사람, 현자 중에서 리더 역할을 하는 사람으로 보입니다. 그는 아하수에로왕에게 두 가지를 제안했습니다. 와스디가 다시는 왕 앞에 오지 못하게 하는 조서를 내려 바사와 메대의 법률에 기록하여 고치지 못하게 하자는 것과, 와스디보다 나은 사람에게 왕후의 자리를 주자는 것이었습니다. 이로써 두 가지 법이 만들어졌습니다.

여기에는 신하들의 음모가 숨어 있습니다. 므무간을 비롯한 신하들은 후에 와스디를 향한 왕의 애정이 되살아나면 그녀가 다시 왕후의 자리로 돌아올 수 있음을 알았습니다. 신하들은 왕의 마음이 변할 것을 염두에 두고 미리 잠금장치를 설치했습니다. 왕이라도 이 법을 고칠 수 없게 한 것입니다. 술에서 깨 정신이 든 왕이 법률을 개정하지 못하게 하려고 신하들은 누구도 법을 고칠 수 없도록 못 박았습니다. 왕을 위한다는 명목으로 법을 만들었지만, 사실 왕까지도 옭아매는 법이었습니다. 이것은 악법입니다. 사람이 이렇게까지 악할 수 있습니다.

와스디의 폐위 사건을 통해 우리는 두 가지를 볼 수 있습니다. 첫째, 아하수에로왕의 연약함입니다. 그는 왕권을 소유하고 있었지만 힘이 없었습니다. 무엇인가 결정하려면, 현자들의 도움이 필요했습니다. 왕으로서 법을 제정하도록 허용했지만, 그는 자신이 허용한 법에 묶였습니다. 둘째, 세상 권력의 무상함입니다. 아하수에로왕이 권력을 잡은 것 같지만 오래가지 않았습니다. 이를 통해 눈에 보이는 것이 허무하다는 사실을 알 수 있습니다.

아하수에로왕은 180일 동안 잔치를 베풀어 그의 영화로운 나라의 부함과 위엄의 혁혁함을 나타냈습니다. 역사가에 의하면, 아하수에로왕이 180일 동안 잔치를 베푼 것은 그리스를 침공하기 위해 신하들과 백성들의 마음을 사려는 이유였다고 합니다. 그는 이 일을 위해 안간힘을 썼습니다.

이처럼 권력 기반이 약해지면 악법이 성행합니다.

"왕의 신하들과 왕의 각 지방 백성이 다 알거니와 남녀를 막론하고 부름을 받지 아니하고 안뜰에 들어가서 왕에게 나가면 오직 죽이는 법이요 왕이 그 자에게 금 규를 내밀어야 살 것이라 이제 내가 부름을 입어 왕에게 나가지 못한 지가 이미 삼십 일이라 하라 하니라" 4:11

여기에도 악법이 등장합니다. 당시 바사 제국에는 남녀를 막론하고 왕의 부름을 받지 않고 왕에게 나아가면 죽이는 법이 있었습니다. 이것은 왕의 신변을 보호하기 위해 만들어진 법입니다.

나라가 이렇게 움직인다면 어떻게 되겠습니까. 왕의 기분에 따라 만들고 바뀌는 것이 법이라면, 과연 그 법에 권위가 있겠습니까? 왕의 감정에 따라 움직이는 나라는 좋은 나라라 할 수 없습니다. 기초가 흔들리는 나라, 이런 세상은 불안할 수밖에 없습니다.

와스디가 폐위된 후, 사람들은 누가 왕후가 될 것인가에 관심을 가졌습니다. 므무간은 물론 현자들은 왕후 선발에 간접적으로 관여했습니다. 그들은 와스디보다 아름다운 사람을 원하지 않았습니다. 와스디는 아름다운 왕후였습니다. 그러나 현자들은 새로운 왕후의 자격으로 미모를 언급하지 않았습니다. 므무간은 와스디보다 나은 사람에게 왕후의 자리를 주라고 아하수에로왕에게 말합니다(1:19). 과연 와스디보다 나은 사람은 어떤 사람을 의미할까요?

와스디는 왕이 다루기 힘든 존재였습니다. 왕의 명령을 거절할 정도였습니다. 하마터면 아하수에로왕이 많은 사람 앞에서 웃음거리가 될 뻔했습니다. 이를 보고 놀란 왕의 신하들은 새로운 법령까지 만들었습니다. 즉 와스디보다 나은 사람은 왕이 다루기 쉬운 존재를 의미합니다. 신하들은 왕의 명령에 절대 복종할 수 있는 여인이 왕후가 되기를 원했습니다. 당시 사람들이 아내가 남편의 말에 복종하는 것을 얼마나 큰 가치로 여겼는지 알 수 있습니다.

신하들은 새롭게 법을 만들어 바사 제국 여자들이 남자에게 거역하지 못하게 하려고 했습니다. 와스디로 인해 아하수에로왕이 진노한 것을 이용하여 신하들은 자신들의 목적을 이루려고 했습니다. 이것은 세상에서 흔히 일어나는 일입니다. 세상은 이렇게 철저히 자기중심적입니다.

그러나 신하들이 와스디가 왕후의 자리에 돌아올 수 없도록 법을 만든 데에는 하나님의 섭리가 숨어 있습니다. 언뜻 보면 사람들의 계획과 음모에 의해 일이 진행되는 듯합니다. 그러나 이때도 하나님은 역사하십니다. 신하들이 만든 악법까지도 사용하셔서 하나님의 일을 행하십니다.

역사의 실세,
진짜 왕

에스더서 1장 15-16절에 보면 "왕후 와스디가"라고 기록하고 있습니다. 와스디의 이름에 왕후라는 수식어가 붙어 있습니다. 그런데 19절 이후는 '왕후'라는 수식어 없이 와스디의 이름만 기록되어 있습니다. 므무간과 신하들이 와스디를 왕후가 아니라 평민으로 보았다는 것입니다. 아하수에로왕이 왕후를 무시하자, 신하들도 왕후를 무시했습니다.

왕후는 폐위되었지만, 에스더서의 이야기는 앞으로 나아갑니다. 새로운 이야기가 시작됩니다. 이 모든 과정이 하나님의 역사입니다. 악이 범람하여 승리하는 것처럼 보일 수 있습니다. 사람의 잔꾀에 의해 세상이 움직이는 것처럼 느껴질 수 있습니다. 그러나 악은 승리할 수 없습니다. 그리고 사람의 잔꾀는 하나님의 지혜를 이길 수 없습니다. 하나님은 사람의 악까지도 사용하셔서 뜻을 이루십니다.

세상에서는 조연인데, 하나님 나라에서는 주연인 경우가 있습니다.

반대로 세상에서는 주연인데, 하나님 나라에서는 명함도 내밀지 못하는 경우가 있습니다. 누가복음 16장에서 부자가 호화로운 잔치를 즐길 때 나사로는 헌데투성이로 대문 앞에 버려진 채 부자의 상에서 떨어지는 것으로 배불리려 했습니다. 어느 날, 부자와 나사로가 죽었습니다. 죽은 후 둘의 형편이 달라졌습니다. 나사로는 천사들에게 받들려 아브라함의 품에 들어갔습니다. 부자는 음부에서 고통 중에 있었습니다. 이것이 바로 하나님 나라의 주연과 세상 주연의 차이입니다.

와스디는 에스더서 1장에서 사라졌습니다. 바사 제국의 왕후였지만, 여기에서는 조연이요 단역입니다. 그렇다면 아하수에로왕이 주인공일까요? 그 또한 아닙니다. 그들은 에스더를 이야기 가운데로 끌어내기 위해 동원된 여러 사람 중 한 명에 불과합니다. 왕과 함께 있던 귀족과 지방관과 신하들 역시 조연입니다. 한 번 등장했다가 사라져 버리는 인물입니다.

에스더서 1장은 에스더를 왕후로 세우는 배경에 불과합니다. 에스더서 2장부터 이야기가 점점 확장됩니다. 그렇다면 에스더서 기자가 1장을 통해 말하고자 하는 것은 무엇일까요?

와스디가 폐위된 후 에스더가 왕후가 되었습니다. 와스디가 폐위되지 않았다면, 에스더는 왕후가 될 수 없었을 것입니다. 그러므로 와스디는 에스더가 왕후가 되는 데 기여했다고 할 수 있습니다. 그뿐만이 아님니다. 만약 아하수에로왕이 6개월 동안 잔치를 열지 않았다면, 그래서 왕후 와스디를 잔치 자리에 부르지 않았다면 와스디는 폐위되지도 않았을 것이고, 에스더는 등장조차 하지 못했을 것입니다. 거꾸로 생각해 보면 아하수에로왕이 성대한 잔치를 연 것은 에스더를 왕후 자리에 앉히는 배경이 되었습니다. 물론 그가 의도한 일이 아닙니다. 에스더가 왕후가 됨으로 유다 민족 전체가 구원받은 사건도 아하수에로왕이 의도한 것이 아닙니다. 이쯤 되면 우리는 사건의 배후에서 이 이야기를 조종하는 이가 있다고 생각하지 않을 수 없습니다. 그분은 바로 하나님이십니다.

그러면 그동안 에스더는 무엇을 했을까요? 아무것도 하지 않았습니다. 에스더서 1장은 에스더와 상관없이 이야기가 진행됩니다. 그러나 모든 이야기는 에스더를 향해 나아갑니다. 우리는 이 흐름을 볼 줄 알아야 합니다. 역사를 살펴보면, 전혀 예상하지 못한 인물이 쓰임받는 때가 있습니다. 영적으로 눈이 열려 있지 않으면, 그 흐름을 발견할 수 없습니다. 지금도 마찬가지입니다. 영적으로 보는 훈련을 하지 않으면 눈이 어두워질 수 있습니다. 그렇게 되면 하나님을 놓치고 상황에 마음을 빼앗깁니다. 상황을 두려워하며 사람을 주목합니다. 사람의 술수에 휘말릴 수 있습니다.

영적 눈을 들어 다시 에스더서를 봅시다. 이 책의 주인공은 누구입니까? 책 제목이 에스더서이므로 에스더가 주인공일까요? 그것 또한 아닙니다. 에스더서의 주인공은 하나님이십니다. 역사에서 하나님은 잠깐 등장했다가 사라지는 단역이 아닙니다. 하나님은 역사의 한가운데서 모든 사건을 주관하십니다. 그분은 모든 시간 속에서 우리와 함께하십니다. 하나님은 우리의 호흡까지도 놓치지 않으십니다.

우리는 성경을 읽으며 하나님이 누구신가, 하나님이 무엇을 하시려고 하는가, 하나님이 무엇을 말씀하시는가를 발견해야 합니다. 나에게 필요한 말씀을 찾기 위해 성경을 읽고 있다면 제대로 읽는 게 아닙니다. 성경 속에서 일어난 사건 하나하나에서 하나님의 의도를 발견해야 합니다.

에스더서 기자는 하나님이 누구신가에 관심을 가지고 있습니다. 비록 하나님의 이름이 한 번도 등장하지 않지만, 이 책은 하나님이 누구신가, 그분이 어떻게 일하시는가를 말하고 있습니다. 에스더서 기자는 온 땅의 권세자이신 하나님이 역사의 흥망성쇠(興亡盛衰)를 주관하시고, 하나님의 백성을 책임지신다는 사실을 이 책에 드러내고 있습니다.

에스더서에 등장하는 왕은 바사 제국을 주름잡는 아하수에로왕입니다. 그러나 에스더서에서 진짜 왕, 이야기의 실세는 바로 하나님이십니다. 참된 권세를 가진 진짜 왕이신 하나님과 세상 나라의 왕은 상대가 되지 않습니다. 무엇보다 에스더서 기자는 바사 제국의 크기와 국력을 언급하지 않습니다. 바사 제국이 얼마나 부강했는가에는 관심이 없습니다. 세상 나라가 강력해 보여도, 하나님 앞에서는 별 볼 일 없기 때문에 그렇습니다. 우리는 세상 나라와 하나님 나라를 구분할 수 있어야 합니다. 세상 왕이 아니라 하나님을 발견할 줄 알아야 합니다.

아하수에로왕은 기분에 따라 변덕스럽게 행동했습니다. 나라의 법을 기분에 따라 제정했습니다. 기분에 따라 왕후를 불렀습니다. 불법을 정당화했습니다. 그뿐만이 아닙니다. 아하수에로왕은 백성을 소모품처럼 생각하고 자신의 권세를 이용하여 동원했습니다. 자신의 즐거움을 위해 백성을 희생시켰습니다. 이처럼 왕권이 타락하면 백성이 괴롭습니다. 바사 제국에서는 백성을 위해 왕이 존재하는 것이 아니라, 왕을 위해 백성이 존재했습니다.

반면에 하나님은 우리에게 헌신을 강요하시지 않습니다. 우리를 기꺼이 헌신하게 하십니다. 그분은 우리의 왕이지만 군림하시지 않습니다. 우리를 좌절하거나 절망하게 하지 않고 도리어 사랑으로 수치를 가려 주십니다. 그분은 우리를 이용하시는 것이 아니라 존귀하게 해 주십니다. 하나님은 우리에게 오라 하시기 전에 먼저 우리 곁으로 다가오십니다.

하나님은 공평과 정의의 왕이십니다. 그분은 변함없으시고 성실하십니다. 하나님은 권세를 자신을 위해 사용하지 않으십니다. 예수님은 하나님이심에도 자신을 위해 힘을 사용하지 않으셨습니다. 오히려 우리의 구원을 위해 자신의 몸을 내어놓으셨습니다.

세상 끝날 우리는 하나님이 베푸시는 잔치에 들어갈 것입니다. 사실

이기는 성도

우리는 이 잔치에 참석할 자격이 없습니다. 그러나 하나님은 우리의 손을 붙잡고 잔치 자리로 이끄실 것입니다. 이 부르심은 강요가 아닙니다. 오직 사랑으로 우리를 초대하신 것입니다. 솔로몬이 술람미 여인에게 "나의 사랑, 내 어여쁜 자야 일어나서 함께 가자"(아 2:10)라고 속삭인 것처럼, 하나님은 우리에게 속삭이실 것입니다. 그날 우리는 예수님의 신부로 잔치에 참여할 것입니다. 이것이 은혜입니다. 하나님 나라의 잔치에는 차별 없는 은혜로 가득합니다.

하나님을 발견했을 때
찾아오는 여유

포로에서 풀려났지만 고국으로 돌아가지 않고 여전히 바벨론에 남아 있던 유다인들은 어쩌면 바사 제국에서 하나님을 잊고 살았을지 모릅니다. 유다인의 정체성을 유지하기보다 이방 땅에서 적당히 타협하며 살았을 것입니다. 신앙이 희미해졌을 것입니다. 그런 그들에게 삶이 송두리째 흔들리는 시련이 닥쳤습니다. 그러나 하나님은 유다 민족을 잊지 않고 구원하고자 하셨습니다.

우리의 하나님은 이런 분입니다. 우리는 종종 하나님을 잊고 찾지 않을 때가 많습니다. 우리의 믿음은 매우 연약합니다. 신자인지 아닌지 알수 없을 때도 있습니다. 이방 땅에서 하나님 백성이라는 정체성을 잃어

버리고 혼란 속에 빠진 유다 민족처럼 살아갈 때가 많습니다. 그럼에도 하나님은 우리를 끝까지 기억하십니다. 우리를 대적자로부터 보호하시고 반드시 승리하게 하십니다.

하나님은 쉬지 않고 일하십니다. 그런 하나님이 역사를 주관하십니다. 이스라엘 백성의 운명이 아하수에로왕의 손에 있는 것이 아니라 하나님의 손에 있습니다. 에스더서는 이것을 확실히 보여 줍니다. 그래서 이 시대를 살아가는 우리에게도 소망이 됩니다.

하나님이 느껴지지 않습니까? 오히려 내가 하나님을 잊고 살아가지는 않는지 살피기 바랍니다. 내가 하나님을 잊었을 때에도 하나님은 잊지 않고 내 삶에 찾아오십니다. 하나님은 내 삶을 통해 당신의 이야기를 이어 가십니다. 그래서 말로는 설명하기 어려운 일이 우리 인생에 왕왕 일어납니다. 이 모든 것이 하나님의 마음이요 그분의 간섭입니다.

하나님이 우리를 간섭하시지 않는 때는 없습니다. 예상치 못했던 일이 벌어졌습니까? 지금 겪고 있는 이 일이 우연인 것 같습니까? 지금 내가 누리는 것이 내 열심과 애씀의 결과로 보입니까? 영의 눈을 들어 다시 살펴보십시오. 하나님이 우리를 위해 열심히 일하고 계심을 깨달을 수 있습니다.

이 사실을 믿을 때 세상에서 초조해하지 않고 살 수 있습니다. 삶에 여유가 생깁니다. 그리고 일상 속에서 하나님과 동행하며 멋지게 살아갈 수 있습니다. 보이지 않는 하나님의 손이 당신의 삶 가운데 함께하기를 축원합니다.

3

섭리 안에 있으면
하나님이 일하신다

에스더 2:1-7

1 그 후에 아하수에로왕의 노가 그치매 와스디와 그가 행한 일과 그에 대하여 내린 조서를 생각하거늘

2 왕의 측근 신하들이 아뢰되 왕은 왕을 위하여 아리따운 처녀들을 구하게 하시되

3 전국 각 지방에 관리를 명령하여 아리따운 처녀를 다 도성 수산으로 모아 후궁으로 들여 궁녀를 주관하는 내시 헤개의 손에 맡겨 그 몸을 정결하게 하는 물품을 주게 하시고

4 왕의 눈에 아름다운 처녀를 와스디 대신 왕후로 삼으소서 하니 왕이 그 말을 좋게 여겨 그대로 행하니라

5 도성 수산에 한 유다인이 있으니 이름은 모르드개라 그는 베냐민 자손이니 기스의 증손이요 시므이의 손자요 야일의 아들이라

6 전에 바벨론 왕 느부갓네살이 예루살렘에서 유다 왕 여고냐와 백성을 사로잡아 갈 때에 모르드개도 함께 사로잡혔더라

7 그의 삼촌의 딸 하닷사 곧 에스더는 부모가 없었으나 용모가 곱고 아리따운 처녀라 그의 부모가 죽은 후에 모르드개가 자기 딸같이 양육하더라

이기는 성도

우리 인생 배후에
드리워진 힘

마침내 아하수에로왕의 노가 그쳤습니다. 왕이 제정신을 차렸습니다. 이성을 잃었던 왕은 이제야 정신을 가다듬고 자신이 행한 일을 생각했습니다.

> "그 후에 아하수에로왕의 노가 그치매 와스디와 그가 행한 일과 그에 대하여 내린 조서를 생각하거늘" 2:1

이게 무슨 말입니까? 지금 왕에게 왕후 와스디를 향한 미련이 남아 있다는 말입니다. '내가 왕후에게 무슨 짓을 한 것인가, 너무 과한 일을 한 것은 아닌가' 하고 생각했다는 말입니다.

중요한 결정은 감정 상태가 좋을 때 해야 합니다. 감정이 좋지 않거나 격해 있을 때 결정하면 반드시 후회합니다. 그래서 책임져야 할 일이 많은 위치에 있는 사람은 자신의 감정을 잘 관리해야 합니다. 리더는 가진 에너지의 70% 이상을 감정 관리에 사용해야 한다는 말이 있습니다. 리더가 좋지 않은 감정으로 잘못 결정하면 공동체 전체가 불행해질 수 있습니다. 만약 미국의 대통령이 좋지 않은 감정으로 잘못 결정하면, 전 세계에 영향을 끼칠 수 있습니다.

사람의 감정은 쉽게 깨어지므로 누구나 조심해야 합니다. 아하수에로왕은 왕후를 폐위한 것을 후회했습니다. 그러나 이미 사건은 벌어졌고 법령은 만들어졌습니다. 왕과 신하가 합작해서 만든 법령이니 이제는 되돌릴 수도, 취소할 수도 없는 상황입니다. 신하들은 이 상황을 이미 예상하여 법령을 취소할 수 없도록 장치를 마련해 두었습니다. 무엇보다 신하들은 새로운 왕후를 뽑는 일에 속도를 냈습니다.

사실 아하수에로왕은 왕후 와스디를 사랑했습니다. 그녀를 자랑스러워했습니다. 그래서 잔치 자리에 그녀를 초대했던 것입니다. 그녀를 다시 왕후의 자리에 앉히고 싶었지만 모든 것이 끝났습니다. 아하수에로왕은 화려한 바사 제국의 최고 권력자였지만, 그 왕권으로 아무 것도 할 수 없었습니다.

여기에는 왕의 오만함, 실수, 신하들의 조작이 있었습니다. 그러나 그것만 생각해서는 안 됩니다. 이 일 가운데 보이지 않는 힘이 작동하고 있다는 것을 깨달아야 합니다. 사람의 행동 배후에는 하나님의 역사가 있습니다. 우리의 인생이 그렇지 않습니까? 나의 의도를 벗어나는 일이 발생합니다. 내 힘이 아닌 다른 힘이 작용하여 사건이 벌어집니다. 내 힘으로는 어찌할 방법이 없을 때가 많습니다. 그것이 바로 하나님의 섭리입니다. 하나님의 섭리는 매우 구체적으로 작동합니다. 그러나 모든 사람이 하나님의 섭리를 볼 수 있는 것은 아닙니다. 하나님의 섭리는 사람의 눈에 잘 보이지 않습니다. 그래서 우리는 속기도 하고 착각하기도 합니다.

반드시 지켜야 할
정체성

이제 새로운 왕후를 찾아야 합니다. 왕의 후회를 눈치 챈 신하들은 새로운 왕후를 찾도록 왕을 채근했습니다.

> "왕은 왕을 위하여 아리따운 처녀들을 구하게 하시되 전국 각 지방에 관리를 명령하여 아리따운 처녀를 다 도성 수산으로 모아 후궁으로 들여 궁녀를 주관하는 내시 헤개의 손에 맡겨 그 몸을 정결하게 하는 물품을 주게 하시고 왕의 눈에 아름다운 처녀를 와스디 대신 왕후로 삼으소서" 2:2-4

아하수에로왕은 그 말을 좋게 여겼습니다. 신하들의 제안을 꼼짝없이 허락했습니다. 더 이상 돌이킬 수 없게 되었습니다.

이때 새로운 인물이 등장합니다. 모르드개입니다. 그는 에스더서의 핵심 인물입니다.

> "도성 수산에 한 유다인이 있으니 이름은 모르드개라 그는 베냐민 자손

이니 기스의 증손이요 시므이의 손자요 야일의 아들이라" 2:5

사람을 소개할 때, 무엇을 먼저 언급하는가가 중요합니다. 대개 강조하려는 것을 먼저 언급합니다. 사람들은 먼저 언급하는 것을 주목하기 때문입니다.

욥기서 1장 1절에는 "우스 땅에 욥이라 불리는 사람이 있었는데 그 사람은 온전하고 정직하여 하나님을 경외하며 악에서 떠난 자더라"고 기록합니다. 욥기서 기자는 욥을 소개하면서 그의 온전함을 가장 먼저 언급했습니다. 다니엘서 1장 4절에는 "곧 흠이 없고 용모가 아름다우며 모든 지혜를 통찰하며 지식에 통달하며 학문에 익숙하여 왕궁에 설 만한 소년을 데려오게 하였고 그들에게 갈대아 사람의 학문과 언어를 가르치게 하였고"라고 기록합니다. 다니엘의 흠 없음을 먼저 소개했습니다.

에스더서 기자는 모르드개를 상세히 소개하면서 가장 먼저 그가 수산성에 사는 유다인이라고 했습니다. 그러면서 그의 족보를 언급했습니다. 족보를 거슬러 올라가면 사울왕이 나옵니다. 사울왕은 베냐민 지파 사람입니다. 즉 에스더서 기자는 모르드개가 정통 유다인이라는 사실을 강조했습니다. 여기에는 분명한 의도가 있습니다.

여러분은 사람들 앞에서 자기를 소개할 때 무엇을 가장 먼저 언급합니까? 직업입니까, 사는 곳입니까, 종교입니까? 혹은 그리스도인이라는 사실을 자랑스럽게 드러냅니까? 정체성은 자신이 어디에 속한 사람인지를 보여 줍니다. 우리는 하나님의 통치를 받으며 사는 하나님 나라의 백성입니다. 곧 이 땅에서 나그네로 살아가는 사람이라는 뜻입니다. 그러므로 세상과 승부하지 않아도 됩니다.

고지론(高地論)을 주장하는 사람들이 있습니다. 그리스도인이 세상 곳곳에서 고지를 점령하여 영향을 끼쳐야 한다는 주장입니다. 부모님이 아이들을 위해 기도할 때 "우리 애가 어디서든 머리가 되게 하시고 꼬리가 되지 않게 해주옵소서" 하는 말을 자주 합니다. 이런 기도 역시 고지론과 일맥상통합니다. 그러나 이렇게 고지론을 주장하다 보면, 세속사회에서 성공주의에 빠질 수 있습니다. 세상은 만만하지 않습니다. 하나님이 복을 주셔서 성공했더라도, 그 후에 세속사회에 깊이 빠지면 정체성을 잃어버릴 수 있습니다. 그런 경우가 허다합니다. 그러므로 우리는 정체성을 분명히 해야 합니다.

모르드개는 이방 땅에서 유다인의 정체성을 지키기 쉽지 않았을 것입니다. 게다가 그의 이름 모르드개는 '마르둑'이라는 바벨론식 이름을 히브리식으로 부른 것인데, 마르둑은 바벨론 신의 이름입니다. 당시 유다에서 끌려온 바벨론의 포로들은 히브리식 이름과 바벨론식 이름을 가지고 있었습니다. 다니엘과 그의 세 친구도 그랬습니다. 이것은 유다인의 정체성을 흔들어 이방 문화에 흡수시키려는 전략에서 비롯된 것입니다. 그뿐만이 아닙니다. 다니엘서 1장에 보면, 느부갓네살왕은 포로 중에서 왕궁에서 쓸 만한 소년을 선발하여 왕의 음식과 포도주, 날마다 쓸 것을 주며 그들을 훈련했습니다. 이것은 음식을 통해 그들을 바벨론 문화에 흡수시키려는 고도의 전략이라 할 수 있습니다.

우리는 각 나라에 속한 국민이자 하나님 나라 백성으로서 살아야 합니다. 우리가 속한 하나님 나라는 육안으로 볼 수 없기에 더더욱 정체성을 지키고 살기가 힘듭니다. 세상 문화에 동화되어서도 안 되고, 타협해서도 안 됩니다. 어렵고 힘들어도 하나님 나라 백성의 정체성을 유지하며 살아가고 있습니까?

공동체를 돌보시는
하나님

에스더서 3장에는 하만이 등장합니다. 그는 누구입니까? 모르드개와 대립각을 세운 인물입니다. 그리고 온 유다인들을 가슴 서늘하게 한 사건의 주요 인물입니다. 하만은 바사 제국에 사는 유다인들을 공포에 떨게 했습니다. 그는 유다인들을 향해 이를 갈았습니다. 그는 왜 유다인들을 죽이려고 했을까요?

하만은 아각 사람입니다.

"그 후에 아하수에로왕이 아각 사람 함므다다의 아들 하만의 지위를 높이 올려 함께 있는 모든 대신 위에 두니" 3:1

아각 사람은 이스라엘의 숙적 아말렉의 후손입니다. 이스라엘과 아말렉은 역사적으로 원수 관계였습니다. 즉 모르드개와 하만이 대립한 것은 유다인과 아말렉이 대립한 역사의 연장선상입니다. 모르드개는 유다인의 대표요, 하만은 아말렉의 대표라고 할 수 있습니다. 그래서 에스더서 저자는 모르드개를 처음 소개할 때 그가 정통 유다인이라는 사실을 강조했습니다.

지금 시점은 유다 민족이 포로가 된 지 100여 년이 지났을 때입니다. 세월이 많이 흘렀습니다. 그렇지만 모르드개는 이방 나라에서 유다인의 정체성을 가지고 있었습니다. 그리고 바사 제국에는 그와 같이 이방 문화에 동화되지 않고 유다인의 정체성을 지키고 살아가는 유다 공동체가 있었습니다. 이 사실은 매우 중요합니다. 우리는 이것을 눈여겨보아야 합니다.

하나님은 약속의 땅으로 돌아간 유다인만 돌보신 것이 아닙니다. 타국에서 흩어져 살아가는 유다인들도 돌보셨습니다. 이것은 곧 하나님은 자기 백성 공동체를 중요하게 여기신다는 것을 보여 줍니다. 따라서 우리는 에스더서를 읽으며 공동체를 생각해야 합니다. 하나님은 몰살

당할 위기에 처한 유다 공동체를 구해 내셨습니다. 에스더를 사용하셔서 그들을 죽음의 위험에서 구하시고 보호하셨습니다.

하나님은 왜 유다 민족을 보호하셨습니까? 유다 공동체는 하나님이 친히 만드신, 하나님의 언약으로 맺어진 공동체입니다. 하나님은 언약 백성을 책임지십니다. 그렇다면 오늘날 하나님의 백성 공동체는 무엇입니까? 교회입니다. 교회 공동체는 독특합니다. 일반 단체나 조직과는 다릅니다. 교회 공동체는 예수님의 피로 세워진 구별된 무리입니다. 지금도 믿음으로 새로운 공동체가 세워지고 있습니다. 하나님은 우리를 세상 속에서 고군분투하며 살도록 내버려 두지 않으십니다. 하나님은 우리와 항상 함께하십니다. 그리스도의 공동체 안에 거하십니다. 하나님은 당신의 백성이라는 정체성을 가지고 살아가는 사람들을 성실하게 돌보십니다.

교회는 하나님 나라의 모형입니다. 하나님은 세상 속에 있는 지상의 교회와 함께하십니다. 2천 년 동안 교회는 그 모습을 유지하고 있습니다. 세력을 확장하거나 조직을 관리했기 때문일까요? 그렇지 않습니다. 초일류 기업이라고 해도 역사의 흐름에 따라 사라져 버립니다. 2천 년의 역사가 흐르는 동안 견고하게 남아 있는 조직은 교회밖에 없습니다. 하나님이 돌보셨기 때문입니다.

물론 교회는 수많은 시련과 핍박을 받았습니다. 완전하지도 않고 허물이 많습니다. 바사 제국에서 살아가던 유다 민족도 마찬가지였습니다. 그들은 허약하고 연약했습니다. 오늘날 지상의 교회도 연약합니다. 실망할 때도 많습니다. 그럼에도 교회가 결코 무너지지 않는 것은 하나님이 함께하시기 때문입니다. 하나님이 섭리하시기 때문입니다. 하나님이 당신의 백성을 사랑하시고 보호하시기 때문입니다.

그래서 우리는 그리스도인이라는 정체성을 분명이 해야 합니다. 하나님의 백성은 실패하지 않습니다. 망할 것 같아도 망하지 않습니다. 하나님이 당신의 공동체를 통해 섭리를 이루시기 때문입니다.

중요한 것은
스펙이 아니라 섭리

드디어 에스더가 등장합니다. 그러나 아직까지 에스더가 이야기 전면에 나오는 것은 아닙니다. 에스더서 기자는 2장에서 에스더를 모르드개가 양육한 처녀로만 소개합니다.

"그의 삼촌의 딸 하닷사 곧 에스더는 부모가 없었으나 용모가 곱고 아리따운 처녀라 그의 부모가 죽은 후에 모르드개가 자기 딸같이 양육하더라" 2:7

에스더는 바사식 이름이요, 유다식 이름은 하닷사입니다. 에스더는 부모를 잃고 어려운 형편에서 자랐습니다. 그런 에스더를 모르드개가 딸같이 양육했습니다. 여기에서 모르드개와 에스더의 결속력을 느낄 수 있습니다. 유다인이 죽을 위기에 처했을 때, 모르드개와 에스더는 철저히 공조했습니다. 에스더는 모르드개를 의지했습니다. 에스더는 모르드개의 말에 전적으로 순종했을 것입니다. 그리고 에스더가 중대한 결정을 내릴 때는 어릴 적부터 모르드개로부터 받은 영향이 매우 크게 작용했을 것입니다. 그래서 에스더는 "죽으면 죽으리이다"(4:16)라는 각오로 아하수에로왕에게 나아갈 수 있었습니다.

우리가 여기에서 눈여겨볼 것이 있습니다. 에스더에게는 특별한 장점이 없었다는 것입니다. 굳이 찾자면 용모가 곱고 아리따웠다는 것 정도입니다. 게다가 그녀는 포로였습니다. 에스더는 바사 제국의 권력층과는 전혀 상관없는, 힘없고 연약하여 상처받기 쉬운 유대 여성이었습니다.

우리는 하나님이 특별한 사람을 사용하신다고 생각합니다. 아브라함, 모세, 사도 바울 정도는 되어야 하나님께 쓰임받는다고 생각합니다. 그들에게 무엇인가 특별한 장점이 있었을 것이라고 생각합니다.

세상에서는 특별한 사람, 뛰어난 사람이 두각을 나타냅니다. 그리고 잘난 것만으로는 안 됩니다. 자신을 어필해야 합니다. 어디서든지 치열한 경쟁을 해서 눈에 띄어야 합니다. 그렇지 않으면 도태될 것이라는 두려움이 우리에게 있습니다. 그래서 사람들은 이력서를 쓸 때 경력을 부풀리기도 합니다. 경쟁이 과열된 세상에서 사람들은 스펙(spec)을 쌓기 위해 돈과 연줄 등 많은 것을 동원합니다. 그러나 아무리 높이 올라가도 끝이 보이지 않습니다. 더 높은 곳에는 더 뛰어난 사람들이 포진되어 있기 때문입니다. 그래서 세상은 경쟁에서 밀려난 낙오자로 가득합니다.

그러나 하나님 나라는 다릅니다. 그곳에는 영웅이 필요없습니다. 잘난 사람만 등용되는 것도 아닙니다. 하나님이 쓰시는 인물들은 특별한 사람이 아닙니다. 성경에 등장하는 다른 인물들도 마찬가지입니다. 다윗이 영웅처럼 보입니까? 그 역시도 여지없이 깨지는 순간을 맞습니다. 성경 기자는 밧세바 사건을 매우 구체적으로 기록하여 다윗이 영웅이 아님을 알렸습니다. 노아는 어떻습니까? 그는 의인이요 당대에 완전한 자였습니다(창 6:9). 그러나 말년에 술에 취해 추태를 부렸습니다. 믿음의 조상 아브라함도 실수를 많이 했습니다. 성경은 사람을 미화하지 않습니다. 있는 모습 그대로를 솔직하게 보여 줍니다.

다니엘, 에스더 역시 영웅이 아닙니다. 그들 역시 사람에 불과합니다. 사람은 영웅이 될 수 없습니다. 영웅처럼 행동하는 사람이 있을 뿐입니다. 믿을 수 있는 사람도 없습니다. 한때는 믿음직했어도 세월의 흐름에 따라 변하고 얼마 가지 않아 무너지기도 합니다. 우리가 믿을 분은 오직 하나님뿐입니다.

우리는 영웅이 되고 싶어 합니다. 그러나 중요한 것은 누가 나를 부르고 쓰시는가입니다. 우리 생각에는 큰 역할, 작은 역할이 있는 것 같지만 하나님은 그렇게 생각하시지 않습니다. 하나님 나라를 이루는 일에는 각자 맡은 배역이 다를 뿐이지 특별한 역할은 없습니다. 아무리 영웅과 같은 일을 한다 해도, 하나님이 없으면 아무것도 아닙니다. 핵심은 하나님께 있습니다. 하나님이 부르셔야 합니다. 하나님이 우리를 사용하셔야 합니다. 하나님이 쓰시면 됩니다.

하나님은 연약하고도 평범한 사람을 사용하십니다. 아무리 스펙을 쌓아도 그것만으로는 부족합니다. 모든 것은 하나님의 손에 있습니다. 일방적인 하나님의 결정입니다. 중요한 것은 스펙이 아니라 섭리입니다.

우리는 누구든지 하나님께 쓰임받을 수 있습니다. 하나님이 왜 에스더를 부르고 사용하셔서 유다 민족을 구원하셨을까요? 우리는 알 수 없습니다. 성경에는 에스더의 부모가 죽은 후, 모르드개가 자기 딸같이 양육했다는 기록밖에 없습니다. 에스더는 하나님의 섭리 가운데 있었습니다. 이렇듯 우리는 하나님의 섭리 속에서 살아야 합니다. 이것이 매우 중요합니다.

섭리가 무엇입니까? 우리의 삶이 하나님과 연결되는 것입니다. 하나님의 이야기 속에 우리의 이야기가 들어가는 것입니다. 중요한 것은 하나님의 이야기입니다. 하나님의 이야기 중심에는 하나님 나라가 있습니다. 삶이 힘들고 어려워도 하나님의 섭리 안에 있으면 두려워할 것이 없습니다. 하나님의 섭리 속에 있으면, 하나님이 행하십니다. 하나님의 섭리 안에서는 헛된 일이 일어나지 않습니다.

하나님이 원하시는 방향이 있습니다. 이것이 섭리입니다. 우리는 에스더서를 살펴보면서 하나님의 섭리를 읽는 훈련을 해야 합니다. 하나님의 섭리는 구원 역사와 연결됩니다.

룻기를 보면, 모압 여인 룻은 보아스와 연결되고 이는 다윗왕의 역사로 이어집니다. 하나님은 평범한 이방 여인의 가계를 통해 구원 역사를 펼치셨습니다. 마태복음 1장에 나오는 예수님의 족보를 보면 네 명의 여인이 등장합니다. 이들의 삶은 얼룩졌습니다. 그러나 그들은 하나님의 구원 역사에 쓰임받았습니다. 와스디와 에스더도 마찬가지입니다. 그들은 하나님의 섭리를 이루는 데 쓰임받았습니다.

이처럼 하나님은 구원을 이루시는 일에 누구든지 사용하십니다. 때로는 뜻밖의 사람을 사용하셔서 구원을 이루시기도 합니다. 구원을 위해서는 언제든지 선수 교체도 하십니다.

섭리는 모든 것을
뚫고 나아간다

에스더가 등장하기까지 많은 일이 있었습니다. 왕후가 폐위되고도 오랜 시간이 흘렀습니다. 성경은 이 사이의 일들은 언급하지 않고 생략했습니다. 중요한 것은 그 숱한 시간과 여러 사건이 어느 방향으로 흘러가는가입니다. 그 방향 길목에 에스더가 있습니다.

하나님의 섭리를 정확하게 이해하면 당황할 일이 없습니다. 담대할 수 있습니다. 무슨 일이 일어나든 하나님의 섭리대로 될 것이기 때문입니다. 섭리란 바람과 같습니다. 이 바람은 내가 아니라 하나님이 일으키십니다. 서핑을 아무리 잘한들 파도가 일어나지 않으면 소용이 없습니다. 사업도 그렇습니다. 목회도 마찬가지입니다. 바람이 불어야 합니다. 파도가 일어나야 합니다. 이것은 말로 설명할 수 없습니다.

하나님의 섭리는 모든 것을 뚫고 나아갑니다. 섭리가 돌파합니다. 돌파는 하나님이 하시는 것입니다. 하나님의 섭리는 말로 설명할 수 없는 방법으로 진행됩니다. 하나님이 모든 것을 주관하심을 의심해서는 안 됩니다. 성경을 읽으며 하나님의 섭리를 발견하면 소망이 생깁니다.

하나님이 일하시는 방법은 우리와 다릅니다. 그러므로 우리는 일상 속에서 겸손해야 합니다. 부지런히 사는 것도 좋습니다. 그러나 하나님의 섭리의 손길에 겸손하게 반응할 줄 알아야 합니다. 하나님이 일하실 공간을 남겨 두어야 합니다. 아무리 세상에서 큰 성공을 했다고 한들 다 도토리 키 재기입니다. 사람의 기준으로 성공과 실패를 판단하는 것은 의미 없습니다. 우리는 하나님이 쓰시는 도구에 불과합니다. 시간은 하나님의 섭리를 따라 흘러갑니다. 하나님의 섭리를 이루는 일에 쓰임받는 것이 중요합니다. 아하수에로왕, 왕후 와스디, 에스더, 모르드개, 하만은 모두 하나님의 섭리 속에 있었습니다.

코로나19로 인해 삶이 많이 무너졌습니다. 무엇이든 열심히 하고 싶지만, 우리가 할 수 있는 일이 없는 듯합니다. 이러한 때에 우리는 하나님의 섭리를 의지해야 합니다.

요셉을 보십시오. 인생이 바닥으로 고꾸라지는 듯했습니다. 자신이 원하는 삶이 아니었습니다. 그럼에도 요셉은 하나님의 섭리를 믿고 의지했습니다. 요셉은 형들에게 "당신들은 나를 해하려 하였으나 하나님은 그것을 선으로 바꾸사 오늘과 같이 많은 백성의 생명을 구원하게 하시려 하셨나니"(창 50:20)라고 말했습니다. 이것이 하나님의 섭리를 믿는 신앙입니다. 하나님은 요셉이 경험한 수많은 일을 하나님의 섭리에 따라 흘러가게 하셨습니다. 하나님은 요셉이 인생의 숱한 장애물을 돌파하게 하셨습니다.

우리의 힘으로는 인생의 장애물을 돌파할 수 없습니다. 하나님이 돌파하게 하십니다. 하나님이 일을 이루십니다. 하나님이 우리 인생을 만들어 가십니다. 만약 삶이 인간의 열심으로 좋게 흘러갈 수 있는 것이었다면 우리는 믿음의 자리에 있지 못했을 것입니다. 자신의 열심으로 사는 사람은 점점 초라해집니다. 우리는 우리 열심으로 살 수 없음을 깨닫습니다. 그래서 겸손할 수밖에 없습니다. 오직 하나님을 의지할 수밖에 없습니다.

하나님은 섭리대로 이루시기 위해 때를 따라 우리를 부르시고 사용하십니다. 그러므로 우리는 수동적이어야 합니다. 우리는 하나님의 말씀에 순종해야 합니다. 하나님께 우리의 삶을 온전히 내어 맡길 때, 하나님은 우리를 사용하셔서 섭리를 이루어 가실 것입니다. 우리를 통해 구원 역사를 이루실 것입니다.

우리를 향한 하나님의 뜻이 있습니다. 우리는 실패할 수 있지만 하나님의 섭리는 반드시 이루어집니다. 그러므로 하나님의 섭리를 따라 살아가기 바랍니다.

섭리는 우리의 삶이 하나님과 연결되는 것입니다. 하나님의 이야기 속에 우리의 이야기가 들어가는 것입니다. 하나님의 이야기 중심에는 하나님 나라가 있습니다. 삶이 힘들고 어려워도 하나님의 섭리 안에 있으면 두려워할 것이 없습니다.

4

인생의 핵심은
은총이다

에스더 2:16-18

16 아하수에로왕의 제칠년 시월 곧 데벳월에 에스더가 왕궁에 인도되어 들어가서 왕 앞에 나가니
17 왕이 모든 여자보다 에스더를 더 사랑하므로 그가 모든 처녀보다 왕 앞에 더 은총을 얻은지라 왕이 그의 머리에 관을 씌우고 와스디를 대신하여 왕후로 삼은 후에
18 왕이 크게 잔치를 베푸니 이는 에스더를 위한 잔치라 모든 지방관과 신하들을 위하여 잔치를 베풀고 또 각 지방의 세금을 면제하고 왕의 이름으로 큰 상을 주니라

이기는 성도

인생의 비밀은
하나님의 은혜에 있다

마침내 대사(大事)가 진행됩니다. 새로운 왕후를 뽑기 위해 왕의 조서와 명령이 반포되었습니다.

> "왕의 조서와 명령이 반포되매 처녀들이 도성 수산에 많이 모여 헤개의
> 수하에 나아갈 때에 에스더도 왕궁으로 이끌려 가서 궁녀를 주관하는
> 헤개의 수하에 속하니" 2:8

내시 헤개는 왕궁에서 궁녀들을 주관하는 일을 맡았습니다. 그는 바사 제국에서 내로라하는 처녀들을 다 모았습니다. 그리고 눈에 띄게 아름다운 여성을 차출하여 그들 가운데서 왕후를 선발했습니다. 그러니 왕후 후보자는 타의에 의해 동원된 것이라 할 수 있습니다.

유대 역사가 요세푸스(Flavius Josephus)에 의하면, 이때 왕궁에 약 4백여 명의 처녀가 모였다고 합니다. 그들 중에 에스더가 있었습니다. 성경은 에스더가 왕궁으로 '이끌려 갔다'고 합니다. 누가 그녀를 왕궁으로 이끌어 갔는지는 기록되어 있지 않습니다. 다만 모르드개가 그러지 않았을까 추측합니다. 모르드개나 에스더의 돌아가신 부모님은 포로로 사로잡혀 온 사람이었습니다. 즉 에스더는 자기 의지로 바사 제국에서 살

아가고 있는 것이 아닙니다. 그녀는 지금 자신의 의지와 상관없이 움직이고 있습니다.

우리 삶도 마찬가지입니다. 국적, 성별, 생일, 외모 같은 것들은 내가 결정한 것이 아닙니다. 어느 누구도 부모를 선택해 태어나지 않습니다. 이처럼 인생에서 중요한 것은 우리 손에서 벗어나 일어납니다. 그래서 어떤 사람들은 자기가 원하는 삶을 살지 못했다며 삶에 대해 저항합니다. 어려운 상황이 닥치면 현실을 받아들이려고 하지 않습니다. 그러나 세월이 흐르면서 삶에 대한 저항은 의미가 없다는 것을 깨닫습니다. 하나님의 섭리에 의해 일어난 상황이기 때문입니다.

하나님은 당신의 뜻을 이루시기 위해 우리의 고집을 꺾으실 때가 있습니다. 그럴 때 하나님을 이기려고 해서는 안 됩니다. 꺾이지 않으려고 저항해서도 안 됩니다. 저항하다 보면 오히려 만신창이가 될 수 있습니다. 우리는 하나님의 뜻에 순종해야 합니다. 수동적이어야 합니다. 자신의 삶을 하나님께 맡기고 그분을 온전히 따라가야 합니다. 이것을 빨리 깨닫는 사람은 복이 있습니다.

에스더는 왕후가 되려고 스스로 나서지 않았습니다. 사람들에게 매력적으로 보이려고 애쓰지도 않았습니다. 그런데 에스더가 왕궁에 들어갔을 때, 놀라운 일이 일어났습니다. 에스더가 헤개의 눈에 띄었습니다.

"헤개가 이 처녀를 좋게 보고 은혜를 베풀어 몸을 정결하게 할 물품과 일용품을 곧 주며 또 왕궁에서 으레 주는 일곱 궁녀를 주고 에스더와 그 궁녀들을 후궁 아름다운 처소로 옮기더라" 2:9

헤개는 에스더를 좋게 봐 주었습니다. 좋게 보이려고 노력하는 것과 상대방이 좋게 봐 주는 것은 다릅니다.

에스더는 아름다웠지만 그녀가 헤개의 눈에 띈 것이 단순히 외모 때문이라고 보기 어렵습니다. 도성 수산에는 바사 제국에서 선발된 아름다운 여성이 많이 모여 있었습니다. 아무리 외모가 뛰어났다 한들 그 가운데서 책임자의 눈에 띈 것이 우연이었을까요? 헤개가 에스더에게 은혜를 베푼 것은 하나님의 역사에 의해 일어난 일입니다. 하나님은 작정하신 일을 헤개를 사용하여 성취하셨습니다.

은혜, 은총은 성경에서 매우 중요한 주제입니다. 하나님의 간섭하심을 말할 때 '은혜'라는 말을 사용합니다. 은혜는 '하나님이 함께하신다'는 의미입니다. 창세기 39장 2절에는 "여호와께서 요셉과 함께하시므로"라는 기록이 있습니다. 요셉은 노예였지만, 하나님이 함께하셨습니다. 그리하여 그는 주인에게 은혜를 입었습니다. 노예가 주인에게 은혜를 입는 것, 이것이 은혜입니다. 이것이 하나님이 함께하시는 증거입니다. 다니엘서 1장 9절에도 "하나님이 다니엘로 하여금 환관장에게 은혜와 긍휼을 얻게 하신지라"는 기록이 있습니다. 하나님이 다니엘에게 은혜를 베푸셨습니다. 그리하여 다니엘은 환관장에게 은혜와 긍휼을 얻었습니다. 이것이 하나님이 다니엘과 함께하시는 증거입니다.

인생의 비밀은 하나님의 은혜에 있습니다. 하나님의 은혜를 경험하면 우리의 인생이 달라집니다.

은총이 임한 삶은
자연스럽다

와스디가 폐위되고 4년이 흘렀습니다. 그동안 새로운 왕후를 선택하는 일이 계속 미루어졌습니다. 역사가에 의하면, 와스디가 폐위되고 3년 동안 바사 제국은 그리스와 전쟁을 치렀고, 나머지 1년 동안 새로운 왕후가 될 만한 처녀들을 선발하여 준비했다고 합니다. 그러나 이 시간은 에스더를 왕후로 세우기 위해 준비한 시간이라고 할 수 있습니다. 하나님은 늦지도 않고 빠르지도 않게 역사하십니다. 에스더가 왕후가 되기까지 수많은 일이 있었습니다. 그러나 시간은 한 방향으로 흘렀습니다. 우연처럼 보이는 일이 겹쳐서 일어났습니다. 여기서 우리는 하나님의 손길을 볼 수 있어야 합니다.

도성 수산에 모인 처녀들은 아하수에로왕 앞에 나아가기 전에 12개월 동안 준비 과정을 거쳐야 했습니다.

이기는 성도

"처녀마다 차례대로 아하수에로왕에게 나아가기 전에 여자에 대하여 정한 규례대로 열두 달 동안을 행하되 여섯 달은 몰약 기름을 쓰고 여섯 달은 향품과 여자에게 쓰는 다른 물품을 써서 몸을 정결하게 하는 기한을 마치며" 2:12

세계 최강국인 바사 제국의 왕후를 뽑는 일이었으니 선발 과정이 꽤 복잡했을 것입니다. 게다가 왕후를 선발하기 전 후보자들은 왕과 하룻밤을 보내야 했습니다.

"처녀가 왕에게 나아갈 때에는 그가 구하는 것을 다 주어 후궁에서 왕궁으로 가지고 가게 하고 저녁이면 갔다가 아침에는 둘째 후궁으로 돌아와서 비빈을 주관하는 내시 사아스가스의 수하에 속하고 왕이 그를 기뻐하여 그의 이름을 부르지 아니하면 다시 왕에게 나아가지 못하더라" 2:13-14

후보자들은 그 후로 왕이 부르지 않으면 다시는 왕 앞으로 나아갈 수 없었습니다. 이후에는 궁녀를 관장하는 내시가 관리하게 됩니다. 이를 통해 고대사회 왕실의 문화를 알 수 있습니다. 모든 권한은 왕에게 있었고, 후보자들에게는 선택권이 없었습니다. 그녀들은 왕에게 간택을 받으려고 노력했습니다.

그러나 에스더는 다른 여자들과 조금 달랐던 것 같습니다. 그녀는 돋보이려고 노력하지 않았습니다.

"모르드개의 삼촌 아비하일의 딸 곧 모르드개가 자기의 딸같이 양육하는 에스더가 차례대로 왕에게 나아갈 때에 궁녀를 주관하는 내시 헤개가 정한 것 외에는 다른 것을 구하지 아니하였으나 모든 보는 자에게 사랑을 받더라" 2:15

에스더는 왕실의 규정을 따라 헤개가 정한 것 외에 다른 것을 구하지 않았습니다. 허세를 부리지도 않았습니다. 어찌 보면 왕후가 되려는 의지가 없어 보이기도 합니다. 그럼에도 에스더는 모든 보는 자에게 사랑을 받았습니다.

그러나 무엇보다도 왕의 눈에 좋게 보여야 합니다. 이것이 중요합니다.

"아하수에로왕의 제칠년 시월 곧 데벳월에 에스더가 왕궁에 인도되어 들어가서 왕 앞에 나가니" 2:16

드디어 에스더의 차례가 되어 아하수에로왕 앞으로 나아갔습니다. 역사적인 순간입니다. 무슨 일이 일어날지 알 수 없습니다. 긴장감이 느껴집니다. 시간이 천천히 흐르는 듯합니다.

에스더는 아하수에로왕에게 인정받았습니다. 왕은 모든 여자보다 에스더를 더 사랑했다고 합니다.

> "왕이 모든 여자보다 에스더를 더 사랑하므로 그가 모든 처녀보다 왕 앞에 더 은총을 얻은지라 왕이 그의 머리에 관을 씌우고 와스디를 대신하여 왕후로 삼은 후에" 2:17

유진 피터슨(Eugene H. Peterson)의 《메시지》를 보면 아하수에로왕이 얼마나 에스더에게 푹 빠졌는지 알 수 있습니다. 이 책은 해당 구절을 "왕은 에스더를 보고 한눈에 반했다. 어떤 궁녀, 어떤 처녀보다도 그녀가 마음에 들었다. 그녀에게 완전히 매료되었다. 그는 에스더의 머리에 관을 씌우고, 와스디를 대신하여 왕비로 삼았다"라고 해석했습니다.

마침내 하나님이 정하신 때가 되었고, 에스더는 바사 제국의 왕후가 되었습니다. 하나님이 그녀를 왕후가 되게 하셨습니다. 그 과정을 다시 한번 생각해 봅시다. 먼저 궁녀들을 주관하는 헤개가 에스더를 좋게 보았습니다. 사실 그쯤은 그리 놀라운 일이 아닙니다. 얼마든지 일어날 수 있습니다. 그런데 에스더는 모든 보는 자에게 사랑을 받았습니다. 한두 사람에게 사랑을 받은 것이 아닙니다. 이것은 매우 특별한 일입니다. 주목할 만합니다. 그런데 이보다 놀라운 일이 일어납니다. 에스더는 왕 앞에 은총을 얻었습니다. 아하수에로왕이 에스더를 사랑하게 되었습니다. 그냥 사랑한 것이 아닙니다. 왕은 모든 여자보다 에스더를 더 사랑했습니다. 우연히 일어난 일이라고 할 수 없습니다.

어떻게 이런 일이 일어났을까요? 에스더는 다른 후보자들과 경쟁해서 왕후가 된 것이 아닙니다. 에스더는 적극적으로 나서지 않았습니다. 그저 상황에 반응했을 뿐입니다. 에스더가 왕후가 된 것은 하나님이 일하신 결과입니다. 먼저 하나님이 지목하시는 것이 중요합니다. 먼저 하나님이 부르셔야 합니다. 하나님이 선택하신 에스더는 아하수에로왕의 눈에 들 수밖에 없었습니다. 아하수에로왕은 에스더에게 사로잡혔습니다. 하나님의 섭리가 분명히 드러났습니다.

사무엘이 어린 다윗에게 기름을 부었지만, 그 전에 하나님이 먼저 다윗을 이스라엘의 왕으로 선택하셨습니다. 그랬기 때문에 다윗은 왕이 될 수 있었습니다. 다니엘과 그의 세 친구도 마찬가지입니다. 그들은 왕의 음식과 포도주로 자기를 더럽히지 않겠다는 뜻을 정했습니다. 만약 이일로 그들의 얼굴이 초췌해지면 환관장의 생명이 위태로워질 수 있었습니다. 그런데 놀라운 일이 일어났습니다. "열흘 후에 그들의 얼굴이 더욱 아름답고 살이 더욱 윤택하여 왕의 음식을 먹는 다른 소년들보다 더 좋아"(단 1:15) 보였습니다. 어떻게 이런 일이 일어났습니까? 단순히 채식을 했기 때문입니까? 그렇지 않습니다. 이 모든 일이 하나님의 은혜요 은총입니다. 은총은 백성을 향한 하나님의 사랑과 자비를 의미합니다. 하나님이 왜 당신의 백성을 사랑하시는지 그 이유를 설명하기 어렵습니다. 이처럼 말로 설명할 수 없는 은혜와 사랑이 은총입니다.

우리는 하나님의 은혜로 살아야 합니다. 삶에 하나님의 은총이 임해야 합니다. 은총이 임한 삶은 무엇을 하든 억지스럽지 않고 자연스럽습니다. 자신이 무엇인가를 이루려고 아등바등할 필요 없습니다. 사람의 힘으로는 불가능하지만, 은혜가 임하면 하나님이 가능하게 하십니다. 그러므로 하나님의 은총이 우리와 함께해야 합니다.

하나님의 은혜로 사는 삶과 내 힘으로 살려고 애쓰는 삶은 근본적으로 다릅니다. 세상 사람들은 자신의 힘으로 획득하고 쟁취하려고 합니다. 그래서 악을 쓰고 삽니다. 그러나 신자는 자기 힘을 빼고 은혜를 구해야 합니다. 노력만으로 무엇인가를 이룰 수 없습니다. 하나님이 되게 하시는 삶이어야 합니다. 하나님이 함께하시는 증거가 삶에서 나타나야 합니다.

사명자로
살아가는 삶

밑바닥에서 권력의 상층부에 오른 에스더, 그녀는 광대한 영토를 가진 제국이자 거대한 바벨론을 무너뜨린 바사의 왕후가 되었습니다. 유다인은 미약하고 보잘것없는 유랑민이었습니다. 상상할 수 없는 일이 일어났습니다. 에스더는 자신에게 일어난 일을 이해할 수 없었을 것입니다.

에스더는 어린 여성이었습니다. 자칫하면 권력의 중심부에서 휘둘릴 수 있었습니다. 그래서인지 모르드개는 날마다 후궁 뜰 앞을 왕래하며 에스더 곁에 있어 주었습니다.

> "모르드개가 날마다 후궁 뜰 앞으로 왕래하며 에스더의 안부와 어떻게 될지를 알고자 하였더라" 2:11

이를 통해 에스더와 모르드개의 관계가 얼마나 긴밀한지 알 수 있습니다. 그러다가 모르드개는 에스더의 미래를 생각하여 조심스럽게 조언합니다.

> "에스더가 자기의 민족과 종족을 말하지 아니하니 이는 모르드개가 명령하여 말하지 말라 하였음이라" 2:10

바사 사람이 아닌 다른 민족 사람이 바사 제국의 왕후가 되는 것은 조심스러운 일이었습니다. 만약 에스더가 유다인임이 드러나면 시련이

나 위험을 겪을 수도 있었습니다. 그래서 모르드개는 에스더에게 자신의 국적과 배경을 말하지 말라고 한 것입니다. 에스더는 모르드개의 말에 순종했습니다. 물론 후에 에스더는 자신이 유다인임을 드러냅니다.

사실 에스더가 바사 제국의 왕후가 된 것은 특권이 아니요 사명이었습니다. 어떤 사람들은 에스더가 차지하게 된 왕후 자리만 생각하고 이 책을 한 여성의 성공담 정도로 여길지 모르겠습니다. 세상은 천신만고 끝에 입신양명한 이야기가 많습니다. 그런 성공담은 인간 승리를 찬양합니다. 자수성가한 사람들의 이야기에는 자화자찬이 가득합니다. 그러나 에스더서는 세상 사람들의 성공담과는 다릅니다. 성경은 인간의 성공담을 이야기하지 않습니다. 다시 한번 이야기하지만, 에스더는 왕후가 되려고 노력하지 않았습니다. 이 모든 일은 하나님이 하셨습니다. 여기에는 목적과 이유가 있습니다.

에스더는 바사 제국의 왕후 자리를 얻었지만 왕후가 된 것에 도취할 수 없었습니다. 아하수에로왕은 이미 왕후를 폐위한 전력이 있습니다. 그는 변덕스러운 사람이라 에스더는 왕의 마음을 헤아리기 힘들었을 것입니다. 왕실 안은 매우 혼란했고, 에스더에게 앞으로 무슨 일이 일어날지 알 수 없습니다.

그러나 에스더의 어떠함과 달리, 그녀가 왕후가 된 것은 유다 역사에 매우 의미 있는 일이었습니다. 이 사건은 이방 땅에서 위태롭게 살아가던 유다인 공동체와 깊이 연결되어 있습니다. 그러므로 에스더의 자리는 성공을 누릴 자리가 아니요, 위기를 통과해야 하는 사명의 자리입니다.

오늘날 우리도 마찬가지입니다. 세상 한가운데서 살아가는 우리의 지위를 하나님이 올려주실 때가 있습니다. 흙수저로 태어났고 스펙도 부족한 사람이 무턱대고 회사 면접을 봤는데, 면접관의 눈에 들 수도 있습니다. 회사의 최고 경영자와 인터뷰를 하는데, 마침 내가 준비한 질문을 받을 수도 있습니다. 이렇게 하나님이 우리 삶을 풀어 주실 때가 있습니다. 상황은 어려운데 일이 순탄하게 진행될 때가 있습니다. 하나님이 개입하신 것입니다. 그러면 잘될 수밖에 없습니다.

세상에서 소극적으로 살고 싶을 때가 있습니다. 적당히 직장생활하면서 여유롭게 살고 싶습니다. 큰 죄를 짓지 않고 평범하게 사는 삶에 만족하려고 합니다. 그러나 그리스도인은 세상에서 소명자로 살아야 합니다. 하나님이 우리를 세상의 한가운데로 보내셨기 때문입니다. 그것이 하나님 나라를 위한 사명이기 때문입니다. 그래서 우리는 하나님이 세상 가운데 높이 세워 주실 때, 주신 것을 나만을 위해 사용해서는 안 됩니다. 하나님이 우리에게 주신 것을 하나님 나라를 위해 사용해야 합니다.

성공의 자리에는 유혹이 많습니다. 자칫하면 세상 속으로 빨려들 수 있습니다. 성공을 향유하고 싶은 욕망을 이기기는 어렵습니다. 다니엘과 세 친구는 포로였지만 바벨론 왕실에 들어갔습니다. 성공한 삶이라

고 생각할 수 있습니다. 느헤미야는 유다인이지만, 바사 제국에서 아닥
사스다왕의 술 맡은 관원장이 되었습니다. 왕의 측근이 된 것입니다. 에
스더 역시 하루아침에 바사 제국의 왕후가 되었습니다. 신분이 급상승
했습니다. 손에 쥐어진 특권이 한두 가지가 아닙니다.

　권력은 매혹적입니다. 신분이 갑작스럽게 상승하면 현기증이 일어
납니다. 그래서 우리는 너도나도 성공하고 싶은 욕망에 사로잡힙니다.
그런데 신분 상승의 유혹을 이기지 못하면 세상 문화에 흡수될 수 있습
니다. 바사 제국도 한때는 화려하고 찬란한 문명을 자랑했습니다. 그러
나 그 기세등등했던 제국도 결국엔 역사 속으로 사라져 갔습니다. 급작
스러운 신분 상승에 정신을 잃어서는 안 됩니다. 그 자리에 이르게 하신
하나님의 뜻을 기억해야 합니다.

　화려한 세상 문화 속에서 신자들은 작고 보잘것없는 존재로 여겨질
수도 있습니다. 그러나 우리는 하나님이 택하신 왕 같은 제사장입니다.
하나님은 우리를 다양한 방식으로 사용하십니다. 하나님은 우리를 높
이 세우기도 하시고, 낮은 곳에 이르게도 하십니다. 직위는 중요하지 않
습니다. 맡은 일이 무엇인가가 중요합니다. 우리는 하나님 나라를 위해
부름받은 소명자입니다. 하나님은 하나님의 뜻을 이루는 일을 위해 우
리를 부르셨습니다. 수동적이었던 에스더를 바사 제국의 왕후로 만드신
것도 하나님의 목적을 이루시기 위해서였습니다.

모든 일은 결국
하나님의 목적대로

마침내 왕후 에스더를 위한 잔치가 열렸습니다.

> "왕이 크게 잔치를 베푸니 이는 에스더를 위한 잔치라 모든 지방관과 신
> 하들을 위하여 잔치를 베풀고 또 각 지방의 세금을 면제하고 왕의 이름
> 으로 큰 상을 주니라" 2:18

또 잔치라니요. 놀라지 않을 수 없습니다. 아하수에로왕이 베푼 잔치
자리에서 왕후 와스디가 폐위되었습니다(1장). 이번에는 무슨 일이 일
어날지 알 수 없습니다. 그러나 이쯤 되면 우리는 이전과 같은 일이 일
어나지 않을 것을 짐작할 수 있습니다. 에스더를 바사 제국 왕후 자리에
올리신 분이 하나님이기 때문입니다. 하나님은 흩어진 하나님의 백성
을 구원하기 원하십니다. 하나님은 에스더를 통해 그 뜻을 이루실 것입
니다. 그러므로 두려워할 필요가 없습니다.

출애굽기와 에스더서는 닮았습니다. 출애굽기는 애굽에서 학대받는
히브리 민족을 하나님이 구원하신 이야기입니다. 에스더서는 바사 제국
에서 몰살당할 위기에 처한 유다 민족을 하나님이 구원하신 이야기입니
다. 하나님은 낯선 문화 속에서 핍박받으며 살아가는 믿음의 공동체를

구원하셨습니다. 하나님의 구원 계획은 상상을 초월합니다.

우리는 매일 숨가쁘게 살아갑니다. 그래도 낙심하지 마세요. 하나님의 구원은 오늘도 계속됩니다. 하나님이 우리와 함께하시고 우리를 돌보십니다.

때로는 하나님이 우리를 생각하지도 못한 곳으로 이끄실 때가 있습니다. 그래도 두려워하지 말고 순종하십시오. 우리가 수동적이어도 하나님은 능동적으로 일하십니다. 하나님이 적극적으로 우리를 이끄십니다.

우리를 어디에 세우시든 하나님께 거절해서는 안 됩니다. 우리를 인도하시는 하나님께 기꺼이 순종하기 바랍니다. 그럴 때 하나님은 우리를 통해 하나님의 역사를 펼치실 것입니다. 하나님의 구원 역사에 쓰임받는 우리가 되길 바랍니다.

5
하나님은
일상에서 일하신다

에스더 2:21-23

21 모르드개가 대궐 문에 앉았을 때에 문을 지키던 왕의 내시 빅단과 데레스 두 사람이 원한을 품고 아하수에로왕을 암살하려는 음모를 꾸미는 것을

22 모르드개가 알고 왕후 에스더에게 알리니 에스더가 모르드개의 이름으로 왕에게 아뢴지라

23 조사하여 실증을 얻었으므로 두 사람을 나무에 달고 그 일을 왕 앞에서 궁중 일기에 기록하니라

하나님의
큰 그림

에스더서에서 모르드개는 그냥 지나칠 수 없는 인물입니다. 에스더서의 중요한 사건마다 그 중심에는 모르드개가 있었습니다. 어떤 면에서 보면 에스더보다 더 중요한 인물입니다. 그래서 에스더서 기자는 이 책에서 에스더보다 모르드개를 먼저 소개한 것이 아닌가 생각합니다.

모르드개는 흥미로운 인물입니다. 그는 굉장히 지혜로웠습니다. 에스더서는 모르드개의 지휘 하에 모든 일이 진행됩니다. 그는 에스더에게 많은 것을 지시했습니다. 모르드개는 지혜로웠지만 간교한 사람은 아닙니다. 그는 굉장히 순수했습니다.

모르드개는 리더십도 좋았습니다. 그는 흩어진 유다 공동체에 큰 영향력을 끼쳤습니다. 그러나 야망은 전혀 없었습니다. 그는 뒤에서 묵묵히 일하는 것을 좋아했습니다. 그래서 모든 사건에서 전면에 나서거나 자기 존재를 드러내려 하지 않습니다. 늘 에스더 뒤에서 자신을 희생하며 도왔습니다. 이런 모르드개로 인해 에스더서 이야기에는 어두운 전조가 보이기도 하고, 승리의 반전이 일어나기도 합니다.

에스더가 왕후가 된 후 모르드개는 어디에 있었을까요?

"처녀들을 다시 모을 때에는 모르드개가 대궐 문에 앉았더라" 2:19

당시 대궐 문은 재판을 비롯한 법적 모임이나 상업적 거래를 하는 곳이요, 왕궁의 행정과 물품의 공급을 담당하는 곳이었습니다. 그래서 왕실에서 일하는 사람들이 주로 오고갔습니다. 또 왕의 방에서 멀지 않은 곳에 있었기 때문에 내시들도 많이 드나들었습니다. 모르드개가 대궐 문에 앉았다는 말은 왕실의 행정업무를 맡았다는 말입니다. 자칫 문지기 같은 직책으로 생각할 수 있지만 그렇지 않습니다. 모르드개는 왕의 신변과 관련된 정보를 얻을 수 있는 자리에 있었습니다.

21절에 보면 "모르드개가 대궐 문에 앉았을 때에"라고 다시 한번 반복합니다. 이 말은 모르드개가 자신의 자리를 성실하게 지키고 있었음을 의미합니다. 이렇게 그가 일상의 자리를 지키던 그때, 일이 벌어졌습니다. 에스더서를 보면, 예상하지 못한 곳에서 사건이 발생하곤 합니다.

어느 날, 모르드개는 고급 정보를 하나 획득했습니다. 아하수에로왕과 관련된 정보였습니다. 대궐 문을 지키던 왕의 내시 빅단과 데레스 두 사람이 원한을 품고 아하수에로왕을 암살하려는 음모를 꾸민다는 사실을 알게 된 것입니다. 내시는 왕의 최측근에서 일하는 사람입니다. 그들이 왜 왕을 암살하려고 했는지는 알 수 없습니다. 그러나 우리나라 역사를 봐도 측근에서 왕을 노리는 사람이 있습니다. 고대 국가에서도 왕이 암살당하는 일이 종종 일어났습니다. 왕의 음식에 독극물을 넣는 일들이 일어나니 먼저 음식 맛을 보는 신하가 있을 정도였습니다. 창세기에 보면 술 맡은 관원장, 떡 굽는 관원장이 등장합니다. 이들은 바로가 먹을 음식을 미리 맛보았습니다. 그래서 왕은 이들을 신뢰했습니다.

그런데 두 내시는 왜 아하수에로왕을 암살하려고 했을까요? 그리고 모르드개는 그것을 어떻게 알았을까요? 퍼즐을 맞추다 보면 조각 하나만 가지고는 전체 그림을 생각하기 어렵습니다. 조각이 큼직큼직한 유아용 퍼즐은 어떨지 모르지만, 조각 수가 수백 개에 달하는 성인용 퍼즐은 굉장히 복잡합니다. 마찬가지로 성경의 사건들도 따로 떼어 놓고 보면 무슨 일인지 이해하기가 어렵습니다. 우리 삶도 그렇지 않습니까? 당장 눈앞에 벌어진 사건만 생각하면 하나님의 큰 그림을 이해하기 어렵습니다. 어쨌든 모르드개가 내시들의 왕 암살 음모를 알게 된 사건은 앞으로 일어날 이야기에 불을 붙입니다.

우연인 듯
우연이 아닌 일들

에스더서 2장과 3장은 오묘하게 배치되어 있습니다. 2장에는 모르드개가 등장합니다. 3장에는 하만이 등장합니다. 하만은 모르드개와 첨예하게 대립합니다. 그런데 하만이 등장하기 전에 모르드개가 2장에 먼저 등장하여 위치를 잡고 있습니다.

내시가 왕을 암살하려고 음모를 꾸민 것은 특급 비밀입니다. 비밀을 철저히 감추기 위해 얼마나 노력했겠습니까. 그런데 이 비밀을 모르드개가 알게 되었습니다. 과연 이 일이 우연이었겠습니까? 그렇지 않습니다. 모르드개가 왕의 생명과 관련된 비밀을 알게 된 일에는 어떤 배경이 있는 듯합니다. 에스더서에서는 행간이 중요합니다. 그러므로 에스더서에서는 이야기와 이야기 사이를 놓치지 않아야 합니다. 우연히 일어난 일이나 의미 없는 일은 하나도 없습니다.

사실 모르드개 입장에서 아하수에로왕은 이방의 왕이었습니다. 그러나 그는 아하수에로왕에 대해 부정적인 태도를 보이지 않았습니다. 만약 그랬다면 내시들의 계획에 동참했을지도 모릅니다. 그러나 모르드개는 그렇게 하지 않았습니다.

"모르드개가 알고 왕후 에스더에게 알리니 에스더가 모르드개의 이름으로 왕에게 아뢴지라" 2:22

모르드개는 내시들이 꾸민 음모를 에스더에게 알렸습니다. 여기서 모르드개의 지혜로우면서도 충성스러운 모습을 볼 수 있습니다.

일반적으로 생각하면 모르드개는 이런 놀라운 정보를 얻게 되었을 때 자신의 직속상관에게 가장 먼저 알려야 했습니다. 그런데 그는 그러지 않았습니다. 이것은 놀라운 일입니다. 모르드개가 내시들의 음모를 알았다고 해도 에스더가 왕궁에 없었다면 이 정황이 왕에게 전달되지 않았을지도 모릅니다. 오히려 일이 중간에서 꼬였다면 모르드개가 위험에 처했을지도 모릅니다. 주변 사람들의 모함이 있었을 수도 있습니다. 내시들의 음모는 거짓이 되고 모르드개가 무고죄로 처벌받았을지도 모릅니다.

그러나 다행히도 그런 일은 일어나지 않았습니다. 에스더는 내시들의 음모를 모르드개의 이름으로 아하수에로왕에게 보고했습니다. 그리고 이 일을 통해 모르드개는 물론 에스더도 아하수에로왕에게 신뢰를 얻었습니다. 두 사람은 왕에게 눈도장을 확실하게 찍었습니다. 에스더와 모르드개의 공조가 빛을 봤습니다. 모르드개의 위치에서 왕과 연결되는 것은 쉬운 일이 아닙니다. 그러나 하나님이 일을 만들어 가고 계십니다. 지금 하나님은 조용히 일하고 계십니다.

"조사하여 실증을 얻었으므로 두 사람을 나무에 달고 그 일을 왕 앞에서 궁중 일기에 기록하니라" 2:23

모르드개의 제보로 조사가 시작되었습니다. 그리고 음모를 꾸민 두 내시는 처벌을 받았습니다. 이렇게 사건은 일단락되는 듯 보입니다. 그러나 이야기는 계속됩니다. 에스더서의 이야기는 닫힌 이야기가 아니요, 열린 이야기입니다. 하나의 이야기는 또 다른 이야기의 전조가 됩니다. 그러나 아직은 그것이 무엇인지 알 수 없습니다.

내 선한 수고를
다 아시는 하나님

모르드개는 큰 공을 세웠습니다. 잡범을 잡는 것 정도의 일과는 비교할 수 없습니다. 바사 제국의 왕을 죽음의 위기로부터 구해 냈습니다. 왕을 살렸습니다. 이 정도라면 큰 상을 받아야 마땅합니다. 그런데 무슨 이유에서인지 모르드개는 보상을 전혀 받지 못했습니다.

역사가에 의하면, 바사 제국의 왕들은 나라에 공을 세운 사람의 지위를 높이거나 세금을 감하는 등 후하게 보상했다고 합니다. 게다가 아하수에로왕은 관대하고 호의를 풍성하게 베푸는 왕으로 알려져 있습니다. 그런데 모르드개는 왕의 생명을 구했음에도 전혀 보상을 받지 못했습니다. 아하수에로왕이 몰랐을까요? 그렇지 않습니다. 신하들은 이 일을 왕 앞에서 궁중일기에 기록했습니다. 그러니 왕은 분명히 알았습니다. 그런데도 아하수에로왕은 모르드개에게 상을 베풀지 않았습니다.

더 당혹스러운 것은 그 후의 이야기입니다. 아하수에로왕은 하만의 지위를 높이 올렸습니다(3:1). 불공평해 보입니다. 보상해야 할 사람은 그대로 두고 뚜렷한 공적이 보이지 않는 사람을 높이 올린 것입니다. 하만과 모르드개는 강력한 대립 관계였습니다. 그런데 미묘한 일이 벌어지면서 둘 사이에 긴장감이 고조됩니다.

왜 모르드개는 공적을 인정받지 못했을까요? 책임자가 실수한 것일까요? 우리는 이것이 앞으로 일어날 일과 무관하지 않음을 짐작할 수 있습니다. 여기서 우리는 조용히 일하시는 하나님을 볼 수 있습니다. 그래서 에스더서는 깊이 묵상해 볼 필요가 있습니다. 우리 인생도 그렇지 않습니까? 하나님이 직접 말씀하시지는 않지만 일상 가운데 조용히 일하십니다. 그러므로 우리는 우리의 삶을 깊이 들여다봐야 합니다. 일상 가운데서 하나님을 깊이 묵상해야 합니다. 하나님은 조용히 일하시기 때문에 우리가 조용히 하지 않으면 하나님의 일하심을 볼 수 없습니다.

모르드개의 공헌이 묻힌 것처럼 우리 인생에도 비슷한 일들이 생깁니다. 선한 일을 했지만 보상을 받지 못할 때가 있습니다. 그러면 섭섭한 마음이 듭니다. 특별히 보상을 기대한 것이 아닌데도 인정을 받지 못하면 섭섭합니다. 교회에서 이런 일을 자주 겪습니다. 사람들은 하나님을 위해, 교회를 위해 헌신합니다. 그런데 또 불평도 합니다. 문제는 헌신하는 사람이 불평도 한다는 것입니다. 기분이 좋으면 헌신했다가 기분이 나쁘면 불평합니다. 사람이 모이는 곳에는 항상 이런 문제가 있습니다. 사람이 얼마나 연약한가를 알 수 있습니다.

우리는 은밀하게 섬기는 훈련을 해야 합니다. 그런데 은밀하게 섬기는 일은 영성이 뒷받침되어야 합니다. 영성이 뒷받침된 사람은 주변에서 알아주지 않아도, 보상이 없어도 묵묵히 자신의 자리를 지킵니다.

모르드개는 자신의 공적을 기억해 달라고 호소하거나 몸부림치지 않았습니다. 에스더서 6장에 보면, 모르드개가 자신의 공적을 드러내지 않은 것이 지혜로운 행동이었음을 알 수 있습니다. 사실 아하수에로왕이 모르드개의 공적을 잊은 것은 우연이 아닙니다. 하나님이 잊게 하신 것입니다. 시간이 지나 아하수에로왕은 자신이 잊었던 모르드개의 공적을 궁중일기를 통해 다시 알게 되었습니다. 우리 인생도 마찬가지입니다. 우리의 공적은 하늘에 기록해야 합니다. 하나님이 보시게 해야 합니다. 사람은 잊을 수 있지만 하나님은 잊지 않으십니다. 이것이 중요합니다. 하나님은 우리의 모든 것을 기억하십니다. 우리는 이것을 믿어야 합니다.

요즘 블랙박스, CCTV가 많습니다. 그 속에 많은 정보가 들어 있습니다. 사고가 나서 시시비비를 가려야 할 때 블랙박스나 CCTV를 보면 됩니다. 하나님은 초정밀 블랙박스를 가지고 계십니다. 하나님의 블랙박스에는 우리가 알고 행한 것, 모르고 행한 것, 수고하고 땀 흘렸으나 사람들에게 알려지지 않은 것, 보상을 기대하지 않고 순수한 마음으로 섬긴 것이 들어 있습니다.

하나님이 이 블랙박스를 여실 때가 있습니다. 하나님은 수고를 눈 감으시는 분이 아닙니다. 하나님은 선한 수고에 반드시 다양한 방식으로 보상하십니다. 내가 행하고 잊은 것까지도 하나님은 기억하십니다. 그러므로 잊혔다고 섭섭해하지 마세요. 사람들이 알아주지 않는다고 속상해하지 마세요. 세상에서 잊힌 것에 오히려 감사해야 합니다. 하나님이 기억하시기 때문입니다. 장차 놀라운 보상이 주어질 것입니다. 그러나 세상에서 받은 보상은 하나님의 블랙박스에 없습니다.

하나님의 블랙박스가
열리는 날

모르드개는 자신의 자리에서 충성스럽게 일하다가 내시들의 음모를 들었습니다. 이것이 중요합니다. 모르드개는 자신이 있어야 할 자리에서 마땅히 해야 할 일을 했을 뿐입니다. 그런데 하나님은 그의 작은 행동을 사용해 일하셨습니다. 하나님의 때에 모르드개의 공적을 사용하셨습니다.

하나님이 사용하시는 것은 우리의 거창한 무엇인가가 아닙니다. 일상의 작은 일들을 통해 큰일을 행하십니다. 예수님은 "누구든지 제자의 이름으로 이 작은 자 중 하나에게 냉수 한 그릇이라도 주는 자는 내가 진실로 너희에게 이르노니 그 사람이 결단코 상을 잃지 아니하리라"(마 10:42)고 말씀하셨습니다. 일상의 태도가 중요합니다. 일상 속에서 선행을 축적하는 것이 중요합니다. 매 순간 충성하는 것이 중요합니다. 하나님이 사용하실 만한 것이 일상에 있어야 합니다.

요셉이 그랬습니다. 요셉은 노예로 살 때나 감옥에서 생활할 때도 성실했습니다. 시위대장 보디발의 집에 있을 때, 요셉은 마치 자신의 일을 하듯 일했습니다. 그래서 보디발은 요셉을 가정 총무로 삼고 자기의 소유를 그의 손에 위탁했습니다. 그런데 요셉은 누명을 쓰고 왕의 죄수를 가두는 감옥에 갇혔습니다. 하나님은 감옥에서도 요셉과 함께하시고 그에게 인자를 더하셨습니다. 간수장은 옥중 죄수를 요셉의 손에 다 맡겼습니다. 그리고 제반 사무를 요셉이 처리하게 했습니다.

애굽 왕의 술 맡은 자와 떡 굽는 자가 감옥에 들어왔습니다. 어느 날, 두 사람이 꿈을 꾸었습니다. 요셉은 두 사람의 꿈을 해석해 주었습니다. 요셉은 술 맡은 자에게 "당신이 잘 되시거든 나를 생각하고 내게 은혜를 베풀어서 내 사정을 바로에게 아뢰어 이 집에서 나를 건져 주소서"(창 40:14)라고 부탁했습니다. 술 맡은 자는 감옥에서 나간 후, 요셉이 말한 대로 복직되었습니다. 그러나 요셉을 잊었습니다.

그 후, 시간이 흘렀습니다. 바로가 두 가지 꿈을 꾸었습니다. 바로는 애굽의 점술가와 현인들을 모두 불러 꿈을 말했으나, 그것을 해석하는 사람이 없었습니다. 술 맡은 관원장이 그제야 요셉을 기억했습니다. 하나님은 술 맡은 관원장의 기억을 복원시키셨습니다. 술 맡은 관원장은 자신이 감옥에 있을 때 히브리 청년이 꿈을 해석해 주었고, 그가 해석한 대로 복직되었다고 바로에게 말했습니다. 마침내 요셉은 감옥에서 나왔습니다. 이처럼 하나님은 요셉의 작은 행적을 잊지 않고 사용하셨습니다. 요셉은 바로의 꿈을 해석하여 애굽의 총리가 되었습니다. 보디발의 집에서, 감옥 안에서 요셉이 행한 선행은 감추어졌지만, 블랙박스가 열리는 날이 왔습니다.

우리도 마찬가지입니다. 하나님의 블랙박스가 열리는 날이 옵니다. 그러므로 그냥 살아서는 안 됩니다. 우리가 하는 일은 결코 작지 않습니다. 일상에서 일어나는 일이 우연처럼 보이지만, 그것을 통해 하나님이 역사하십니다. 하나님은 우리가 하는 일을 통해 큰일을 이루십니다. 그러므로 우리는 일상의 자리에서 성실해야 합니다. 하나님 앞에서 묵묵히 충성한 것은 사라지지 않습니다. 하나님은 최적의 순간에 그 일을 사용하십니다. 하나님은 하나님의 때에 블랙박스를 여십니다. 그러므로 우리는 사람들에게 보상받으려고 해서는 안 됩니다. 사람들이 알아주지 않아도, 기억하지 않아도, 하나님이 기억하시고 보상하십니다.

모르드개가 내시의 음모를 에스더에게 알려 준 것은 보상받을 것을 기대하고 한 일이 아닙니다. 그는 자신의 자리에서 자신이 해야 할 일을 했을 뿐입니다. 우리도 마찬가지입니다. 우리가 해야 할 일을 하면 됩니다. 보상을 기대해서는 안 됩니다. 보상받지 못한다고 섭섭해할 필요도 없습니다. 모르드개의 '일상의 성실함'으로 그와 에스더는 목숨을 건졌을 뿐 아니라 유다 민족이 위기에서 벗어났습니다. 하나님이 놀라운 일을 행하셨습니다. 작은 일을 사용하셔서 위대한 일을 이루셨습니다.

과거, 현재, 미래는 이어져 있습니다. 현재의 삶에서 행한 일은 미래의 일과 연결되어 새로운 이야기가 됩니다. 삶은 조각이 아닙니다. 그러므로 넓은 안목으로 삶을 해석해야 합니다. 좁은 안목으로만 보면 우리의 삶이 초라하게 느껴집니다. 눈치를 보며 적당하게 살려고 합니다. 그렇게 사는 사람에게서는 성실과 충성을 기대할 수 없습니다. 마음이 언제나 순전해야 합니다. 아무 대가를 바라지 않고 순수한 마음으로 최선을 다해야 합니다. 작은 일에 충성하는 사람은 신뢰할 수 있습니다. 하나님은 이러한 사람을 통해 위대한 역사를 이루십니다.

우리가 지금 서 있는 자리가 중요합니다. 현재의 자리에서 어떤 일을 하는가가 중요합니다. 위대한 일을 하지 않아도 됩니다. 자기 자리에서 최선을 다하는 것, 묵묵히 충성하는 것이 중요합니다. 그렇게 할 때, 우리의 삶에 놀라운 일이 일어날 것입니다. 하나님은 의외의 곳에서 일하십니다. 하나님은 모든 것이 합력하여 선을 이루게 하십니다. 하나님이 신비롭게 조합하십니다. 일상의 평범한 일 하나하나가 우연처럼 보일 뿐이지, 우연이 아닙니다. 그 속에는 하나님의 섭리가 있습니다.

에스더서는 퍼즐과 같습니다. 퍼즐 조각 하나만 보면 무엇을 의미하는지 알 수 없지만, 하나님은 그것들을 기막히게 맞추어 가십니다. 의미없는 것은 하나도 없습니다. 우리 삶도 그렇습니다. 때로는 퍼즐이 아니라 깨어진 유리조각같이 해석할 수 없는 것이 많습니다. 그래서 우리는 낙심하고 좌절하며 하나님을 원망합니다. 그러나 하나님은 삶의 조각들을 기막히게 맞추십니다. 우리의 삶을 통해 놀라운 일을 이루어 가십니다. 하나님께 필요 없는 것은 하나도 없습니다.

그러므로 좌절하지 마세요. 낙심하지 마세요. 하나님은 삶의 조각들을 엮어 우리의 삶을 완성하십니다. 하나님을 신뢰하기 바랍니다. 하나님은 지켜보십니다. 모든 것을 아십니다. 그러니 사람들 시선을 의식할 필요 없습니다. 사람들 평가에 매일 필요도 없습니다. 예수님은 "사람에게 보이려고 그들 앞에서 너희 의를 행하지 않도록 주의하라 그리하지 아니하면 하늘에 계신 너희 아버지께 상을 받지 못하느니라 그러므로 구제할 때에 외식하는 자가 사람에게서 영광을 받으려고 회당과 거리에서 하는 것같이 너희 앞에 나팔을 불지 말라 진실로 너희에게 이르노니 그들은 자기 상을 이미 받았느니라"(마 6:1-2)고 말씀하셨습니다.

기적은 일상의 자리에서 일어납니다. 하나님이 일상의 자리에서 일하십니다. 하나님은 우리의 작은 충성을 빛나게 하십니다. 일상의 자리에서 충성하기 바랍니다. 하나님만 아시는 숨은 헌신, 숨은 섬김이 있어야 합니다. 하나님과 나만 아는 비밀이 있어야 합니다. 그것이 빛을 발하는 때가 있습니다. 하나님이 그것을 드러내시는 때가 있습니다. 과연 나는 하나님의 블랙박스에 무엇을 기록해 두었습니까?

Part 2

ESTHER

기도로 돌파,
은혜로 돌파

6
악이 승리할
것처럼 보일 때

에스더 3:1-11

1 그 후에 아하수에로왕이 아각 사람 함므다다의 아들 하만의 지위를 높이 올려 함께 있는 모든 대신 위에 두니

2 대궐 문에 있는 왕의 모든 신하들이 다 왕의 명령대로 하만에게 꿇어 절하되 모르드개는 꿇지도 아니하고 절하지도 아니하니

3 대궐 문에 있는 왕의 신하들이 모르드개에게 이르되 너는 어찌하여 왕의 명령을 거역하느냐 하고

4 날마다 권하되 모르드개가 듣지 아니하고 자기는 유다인임을 알렸더니 그들이 모르드개의 일이 어찌 되나 보고자 하여 하만에게 전하였더라

5 하만이 모르드개가 무릎을 꿇지도 아니하고 절하지도 아니함을 보고 매우 노하더니

6 그들이 모르드개의 민족을 하만에게 알리므로 하만이 모르드개만 죽이는 것이 부족하다고 생각하고 아하수에로의 온 나라에 있는 유다인 곧 모르드개의 민족을 다 멸하고자 하더라

7 아하수에로왕 제십이년 첫째 달 곧 니산월에 무리가 하만 앞에서 날과 달에 대하여 부르 곧 제비를 뽑아 열두째 달 곧 아달월을 얻은지라

8 하만이 아하수에로왕에게 아뢰되 한 민족이 왕의 나라 각 지방 백성 중에 흩어져 거하는데 그 법률이 만민의 것과 달라서 왕의 법률을 지키지 아니하오니 용납하는 것이 왕에게 무익하니이다

9 왕이 옳게 여기시거든 조서를 내려 그들을 진멸하소서 내가 은 일만 달란트를 왕의 일을 맡은 자의 손에 맡겨 왕의 금고에 드리리이다 하니

10 왕이 반지를 손에서 빼어 유다인의 대적 곧 아각 사람 함므다다의 아들 하만에게 주며

11 이르되 그 은을 네게 주고 그 백성도 그리하노니 너의 소견에 좋을 대로 행하라 하더라

이기는 성도

권력의 이면

에스더서 3장에서 하만이 등장합니다. 하만은 악역입니다. 드라마나 영화를 보더라도 악당이 등장해야 분위기가 고조됩니다. 에스더서도 마찬가지입니다. 하만이 등장한 후부터 에스더서의 이야기는 극적으로 전개됩니다.

> "그 후에 아하수에로왕이 아각 사람 함므다다의 아들 하만의 지위를 높이 올려 함께 있는 모든 대신 위에 두니" 3:1

왜 하만의 지위가 올라갔는지 이유는 모릅니다. 다만 1절 맨 앞에 "그 후에"라고 되어 있는 것으로 보아 이 이야기가 2장과 연결되고 있음을 알 수 있습니다. 그렇다면 여기에서 말하는 '그 후'는 언제를 의미하는 걸까요?

와스디가 폐위되고 에스더가 새로운 왕후가 되었습니다. 왕의 내시 둘이 아하수에로왕을 암살하려는 음모를 꾸미는 것을 모르드개가 알게 됐고, 에스더는 이 사실을 모르드개의 이름으로 왕에게 알렸습니다. 모르드개의 공적은 궁중 일기에 기록되었습니다. 이런 일이 일어난 후에 하만이 등장했습니다.

하만의 지위가 높이 올라가기 전에 높아진 사람이 있습니다. 에스더입니다. 포로였던 유다인 에스더는 왕후가 되었습니다. 모르드개도 마찬가지입니다. 지위가 올라간 것은 아니지만, 그는 왕을 죽음의 위기에서 구하는 공을 세웠습니다.

하만은 권력이 있었습니다. 권력은 매력적입니다. 권력을 이용하여 사람을 움직일 수 있기 때문입니다. 그래서 사람은 권력을 가지고 지배하고 싶어 합니다. 이것은 본능입니다. 이 시대를 사는 우리라고 다르지 않습니다. 우리가 하만이 권력을 어떻게 사용하는지 주목해서 보아야 하는 이유가 이것입니다. 살다 보면 하만과 같은 사람을 만날 수 있습니다. 때로는 우리가 하만과 같은 사람이 될 수도 있습니다.

사람은 심리적으로 불안하기 때문에 권력을 가져서 불안을 해결하려고 합니다. 권력은 자기중심적입니다. 권력을 가지면 사람을 사랑하고 섬기기보다 통제하려고 합니다. 그래서 사람들은 권력을 남용하고 폭력적으로 사용하기도 합니다. 사울이 그랬습니다. 자신의 권력을 이용하여 다윗을 죽이려고 했습니다.

이렇게 권력을 선한 목적으로 사용할 수 없는 사람이 있습니다. 이런 사람에게 권력이 주어지면 많은 사람이 불행해집니다. 그래서 누가 권력을 가지느냐가 매우 중요합니다. 한 사람의 지위가 높이 올라가는 것은 다른 편을 위협하는 일이 될 수 있습니다. 나라의 지도자도 권력 지향적인 사람이 아니라 국민을 사랑하는 사람이 되어야 합니다. 그러므로 우리는 사람의 내면을 들여다보아야 합니다.

이기는 성도

하만이 지위가 높이 올라갔다고 하는데, 불안합니다. 마치 고층 건물 옥상에 올라간 것과 같습니다. 높이 올라간 사람은 떨어질 수 있습니다. 그런데 올라갈 때 느끼는 짜릿함에 도취하면 추락에 대한 위험을 느끼지 못합니다. 사탄이 그랬습니다. 높은 곳에 올라갔다가 떨어졌습니다. 1절을 읽었을 뿐인데 벌써부터 전운이 감도는 듯합니다. 하만의 모습에서 사탄이 엿보입니다.

세속 권력 안에는 무력이 들어가기 쉽습니다. 친절하고 부드러운 권력은 보기 어렵습니다. 권력을 사유화하여 행사하는 곳에는 언제나 분쟁이 일어납니다. 권력은 복종을 강요합니다. 권력에 저항하는 세력을 무너뜨리려고 합니다. 이것이 권력의 속성입니다.

"대궐 문에 있는 왕의 모든 신하들이 다 왕의 명령대로 하만에게 꿇어 절하되 모르드개는 꿇지도 아니하고 절하지도 아니하니" 3:2

모든 신하가 왕의 명령대로 하만에게 꿇어 절했습니다. 이를 통해 하만의 권세가 대단함을 알 수 있습니다. 그러나 모르드개는 하만에게 무릎을 꿇지도, 절하지도 않았습니다. 이것으로 하만과 모르드개가 충돌했습니다. 두 사람의 충돌이 에스더서 이야기의 핵심이라고 할 수 있습니다.

신하들이 모르드개더러 왜 왕의 명령대로 하만에게 절하지 않느냐고 물었습니다. 그러면서 날마다 하만에게 절하라고 권했습니다.

> "대궐 문에 있는 왕의 신하들이 모르드개에게 이르되 너는 어찌하여 왕
> 의 명령을 거역하느냐 하고 날마다 권하되 모르드개가 듣지 아니하고
> 자기는 유다인임을 알렸더니 그들이 모르드개의 일이 어찌 되나 보고
> 자 하여 하만에게 전하였더라" 3:3-4

모르드개는 신하들의 말을 듣지 않았습니다. 그러면서 자신이 유다인
임을 그들에게 알렸습니다. 그 사실이 하만에게 전해졌습니다. 신하들이
모르드개가 어찌 되는지 보자면서 하만에게 전한 것입니다. 그들의 행동
이 불순해 보입니다. 바사 제국 안에 반유다 세력이 있었던 것 같습니다.
하만은 모르드개 때문에 격노했습니다.

> "하만이 모르드개가 무릎을 꿇지도 아니하고 절하지도 아니함을 보고
> 매우 노하더니" 3:5

하만의 자존심이 상했습니다. 바사 제국의 2인자 하만은 굴욕감을 느
꼈을 것입니다. 여기서 하만의 내면이 드러납니다. 자존감이 높은 사람
은 누가 인사하지 않는 것 정도로 화내지 않습니다. 대수롭게 생각하지

않습니다. 고작 이만한 일로 격노했다는 말은 그의 내면이 매우 허약하다는 의미입니다. 그것은 곧 열등감이 있다는 말과 같습니다.

권력의 이면에는 심각한 열등감이 있습니다. 높아지고 싶어 하는 사람의 마음에는 열등감이 있습니다. 자존감이 높은 사람은 높아지려고 하지 않습니다. 명함을 거창하게 만들지도, 직책을 늘어놓지도 않습니다. 분노한다는 것은 권력을 가졌다는 의미입니다. 분노로 사람을 지배하고 약자를 통제하려고 합니다. 그렇게 함으로 쾌감을 느낍니다. 그러므로 권력은 분노를 낳습니다. 분노는 폭력으로 이어집니다.

악의 세력은
잠복해 있다가 공격한다

하만의 분노는 점점 커졌습니다.

"그들이 모르드개의 민족을 하만에게 알리므로 하만이 모르드개만 죽이는 것이 부족하다고 생각하고 아하수에로의 온 나라에 있는 유다인 곧 모르드개의 민족을 다 멸하고자 하더라" 3:6

하만은 모르드개와 유다 민족을 하나로 묶어 바사 제국에 있는 유다인을 다 죽이려고 합니다. 자신에게 절하지 않은 한 사람 때문에 공동체 전체를 죽이겠다는 것이 말이 됩니까? 지금 하만은 제정신이 아닙니다. 술을 마시고 폭주한 것과 다름없습니다. 하만은 권력에 완전히 취했습니다.

사실 하만은 단순히 모르드개가 자기에게 절하지 않은 이유로 악감정을 가진 것이 아닙니다. 6절을 자세히 보면, 하만은 오래전부터 모르드개에게 불만이 있었음을 알 수 있습니다.

여기서 우리는 하만이 누구인가를 다시 한번 생각해 보아야 합니다. 하만은 아각 사람이고, 아말렉 족속입니다. 아말렉은 이스라엘의 사울 왕과 싸웠던 족속입니다. 반면 모르드개는 베냐민 자손입니다. 아말렉 족속과 베냐민 족속 사이에는 묵은 감정이 있었습니다. 당시 바사 제국에서는 개방정책을 쓰고 있었기 때문에 유다인이 어려움 없이 살아왔습니다. 그러나 하만은 달랐습니다. 하만이 속한 아말렉 족속은 이스라엘 백성의 최대 적이었습니다. 아말렉 족속은 이스라엘 백성이 가나안 땅에 들어가지 못하도록 집요하게 방해했습니다. 즉 이 둘은 뼛속까지 대립 관계였던 것입니다.

지금도 그렇습니다. 세상 사람들은 그리스도인을 하나로 묶어 생각합니다. 예수 믿는 한 사람이 잘못해도 '예수쟁이'라고 하면서 하나로 묶어 공격합니다. 목사 한 사람의 잘못을 개인의 문제로 보지 않고 기독교 전체의 문제라고 생각합니다. 이 말은 예수를 믿는 순간 우리는 원하든 원치 않든 교회 공동체와 분리될 수 없다는 뜻입니다. 세상 사람들은 그리스도인의 행동 하나하나를 교회 공동체와 연관지어 바라봅니다. 그래서 어떤 사람들은 자신이 그리스도인인 것을 숨깁니다. 그러나 우리가 참으로 예수님을 믿는다면 아무리 숨겨도 드러날 수밖에 없습니다.

내가 그리스도인인 것이 드러나는 순간 문제가 시작됩니다. 주위에 묘한 기류가 형성됩니다. 긴장감이 생깁니다. 유독 그리스도인과 교회에 집요하게 달려들어 죽일 듯 공격하는 사람이 있습니다. 그들은 영향력 있는 그리스도인을 몹시 괴롭히고 모함합니다. 특별한 이유는 없습니다. 단지 예수님을 믿는다는 이유로 그렇게 합니다. 마치 예수라는 단어에 알레르기가 있는 것 같습니다. 그뿐만 아니라 교회를 향해 증오심을 드러내고, 독설을 퍼붓습니다. 언론을 조작하여 기독교를 폄하하는 단체도 있습니다. 이들은 교회를 궁지로 몰아붙이려고 합니다. 우리가 생각하는 것보다 조직적이고 체계적입니다.

그런데 교회사를 보면, 교회에 대해 악의적인 태도를 가진 사람들과 교회를 공격하는 세력은 언제나 있었습니다. 오늘날도 마찬가지입니다. 우리는 교회와 하나님의 백성에게 호의적이지 않은 문화를 경험하며 살고 있습니다. 그들은 악의적입니다. 특별한 이유 없이 교회를 미워하고 증오합니다. 예수님은 "세상이 너희를 미워하면 너희보다 먼저 나를 미워한 줄을 알라"(요 15:18)고 말씀하셨습니다.

세상에서 살아가는 동안 신자는 언제든지 악을 경험할 수 있습니다.

하나님의 백성을 대적하는 악한 세력은 예수님이 재림하실 때까지 사라지지 않습니다. 이 세상에서 사는 동안 우리는 악의 세력을 늘 경험하며 살아야 합니다. 그러므로 우리는 신앙 공동체를 허물려고 하는 악의 실체를 정확하게 알아야 합니다.

하만은 어둠의 세력을 의미합니다. 하나님의 백성과 반대됩니다. 그는 역사의 전면에 서서 하나님의 백성을 죽이려고 했습니다. 그런데 에스더서에 보면 평소에는 드러나지 않은 하만이 결정적인 순간에 등장하는 것을 볼 수 있습니다. 왕의 신하들은 하만이 어떤 사람인지 알고 있었기에 모르드개가 유다인인 것을 하만에게 알렸습니다. 그들은 하만이 좋아할 만한 정보를 전해 주어 하만의 가슴에 불을 질렀습니다. 평소 유다인에 대해 적개심을 가지고 있었던 하만에게 기회가 왔습니다. 그에게 권력이 주어졌습니다.

에스더서를 읽으면서 이런 생각도 해볼 수 있을 것입니다. 모르드개는 왜 하만에게 절하지 않았을까요? 권력자에 대한 존경심이 없었기 때문일까요, 아니면 권력자에게 저항심을 가졌기 때문일까요? 그가 아하수에로왕을 암살하려는 음모를 알았을 때 신고한 것을 보면, 그런 이유 때문에 절하지 않았다고 보기 어렵습니다. 신앙 양심 때문에 절하지 않았다는 견해도 있습니다. 여기에 대해서는 성경에 기록되어 있지 않아서 분명히 알 수 없습니다. 여하튼 모르드개가 하만에게 절하지 않은 것 때문에 벌어진 상황이 꽤 커졌습니다. 아말렉과 사울왕의 싸움이 재현되는 듯합니다.

사실 모르드개와 하만의 대립을 아말렉과 이스라엘의 싸움이라고만 할 수는 없습니다. 창세기 3장 15절에 보면, 하나님은 뱀에게 "내가 너로 여자와 원수가 되게 하고 네 후손도 여자의 후손과 원수가 되게 하리니 여자의 후손은 네 머리를 상하게 할 것이요 너는 그의 발꿈치를 상하게 할 것이니라"고 말씀하셨습니다. 즉 뱀과 여자의 후손이 싸울 것이라는 말씀입니다. 이것은 눈에 보이는 싸움보다 더 큽니다. 단순히 개인과 개인, 민족과 민족의 싸움이 아닌 것입니다.

우리는 세상 속에서 악의 실체를 봅니다. 세상은 마치 다니엘이 살았던 바벨론 같습니다. 우리는 신바벨론에서 살아갑니다. 그래서 늘 긴장할 수밖에 없습니다. 악의 세력은 세상 속에 늘 잠복하고 있다가 불쑥불쑥 나타나 우리를 공격합니다. 하나님의 백성을 괴롭히고, 교회를 핍박하는 세력은 언제든지 나타납니다. 그러므로 우리는 예수님이 다시 오시는 날까지 영적 전쟁을 계속해야 합니다.

오만한 자의
힘자랑

하만은 권력에 도취했습니다. 권력에 취하면 아무것도 보이지 않습니다. 그는 용의주도하게 일을 진행했습니다. 자신이 권력의 실세임을 입증하려 하고 있습니다. 이 목적을 이루기 위해 할 수 있는 것을 모두 동원했습니다.

하만은 아하수에로왕의 허락을 받기 전에 유다인을 죽일 날부터 잡았습니다.

> "아하수에로왕 제십이년 첫째 달 곧 니산월에 무리가 하만 앞에서 날과 달에 대하여 부르 곧 제비를 뽑아 열두째 달 곧 아달월을 얻은지라" 3:7

'제비뽑기'를 의미하는 히브리어 '부르'는 점을 칠 때에 던지는 주사위의 일종입니다. 당시에는 바사 신을 동원하여 부르를 던져 날짜를 정했습니다. 하만은 이런 방법을 써서 모르드개와 유다인을 모두 멸할 날을 정했습니다.

그리고 난 후 하만은 아하수에로왕에게 교묘하게 보고합니다. 그는 유다인을 죽이기 위해 그들을 모함합니다.

이기는 성도

"하만이 아하수에로왕에게 아뢰되 한 민족이 왕의 나라 각 지방 백성 중에 흩어져 거하는데 그 법률이 만민의 것과 달라서 왕의 법률을 지키지 아니하오니 용납하는 것이 왕에게 무익하니이다" 3:8

하만은 아하수에로왕에게 유다인이 흩어져 살지만 한 민족으로 결속한 공동체라고 말합니다. 마치 유다인이 매우 위험한 민족인 것처럼 말하면서 왕이 유다인을 부정적으로 생각하도록 했습니다.

사탄은 거짓의 아비입니다. 사탄이 지배하는 세상에서는 거짓이 일상입니다. 사탄은 파괴하고 죽입니다. 세상에서는 거짓이 진실처럼 통용되기도 합니다. 지금 하만의 보고가 그렇습니다. 하만은 유다인이 왕의 법률을 지키지 않았다고 말했지만, 무엇을 어떻게 지키지 않았는지는 말하지 않았습니다. 그저 국익에 반하기 때문에 죽여야 한다는 것입니다. 하만은 유다인을 고립시키고 말살시키기 위해 거침없이 거짓말을 했습니다.

급기야 하만은 선을 넘습니다. 하만은 왕에게 "왕이 옳게 여기시거든 조서를 내려 그들을 진멸하소서 내가 은 일만 달란트를 왕의 일을 맡은 자의 손에 맡겨 왕의 금고에 드리리이다"(3:9)라고 말합니다. 하만은 아하수에로왕을 돈으로 매수하려고 합니다. 은 1만 달란트는 은 340톤가량입니다. 아하수에로왕은 돈에 눈이 멀었습니다. 은 1만 달란트를 받고 제정신이 아니었습니다. 결국 왕의 모든 권한을 하만에게 위임했습니다.

> "왕이 반지를 손에서 빼어 유다인의 대적 곧 아각 사람 함므다다의 아들 하만에게 주며 이르되 그 은을 네게 주고 그 백성도 그리하노니 너의 소견에 좋을 대로 행하라 하더라" 3:10-11

이로써 하만은 권력과 재력을 다 가졌습니다. 이제 모든 것을 자기 마음대로 움직일 수 있는 권력의 실세가 되었습니다. 그래서 대궐 문에 있는 왕의 신하들이 다 하만에게 꿇어 절했습니다.

사람들은 하만을 가리켜 악의 화신이라고 말합니다. 이런 악은 오늘날에도 볼 수 있습니다. 우리 안에도 이런 악이 있어 기회가 되면 활동합니다. 죄 앞에 인간은 연약합니다.

권력자 주위에는 사람들이 모입니다. 권력을 이용하여 득을 보려는 사람이 많습니다. 사람들은 누가 실세인가, 누가 자신의 문제를 해결할 수 있는가를 생각합니다. 이제 권력은 하만이 가지고 있습니다. 아하수에로왕은 자기 신하에게 조롱당했습니다. 권력의 실상은 처참합니다. 아하수에로왕은 은 1만 달란트에 매수되어 자신의 권세를 하만에게 양도했습니다. 이제 누가 그를 믿고 따르겠습니까?

이기는 성도

"역졸이 왕의 명령을 받들어 급히 나가매 그 조서가 도성 수산에도 반포되니 왕은 하만과 함께 앉아 마시되 수산 성은 어지럽더라" 3:15

하만은 왕의 최측근이 되었습니다. 이제 하만은 누구의 눈치도 보지 않습니다. 오히려 아하수에로왕이 하만의 눈치를 살핍니다. 모든 것이 하만이 계획한 대로 이루어지는 듯합니다. 누구도 하만의 권세를 거스를 수 없을 정도입니다.

사실 이는 예견된 일이었을지도 모릅니다. 사건의 발단은 사무엘 시대로 거슬러 올라갑니다. 사무엘상에 보면, 사무엘이 사울왕에게 말하는 장면이 나옵니다.

"만군의 여호와께서 이같이 말씀하시기를 아말렉이 이스라엘에게 행한 일 곧 애굽에서 나올 때에 길에서 대적한 일로 내가 그들을 벌하노니 지금 가서 아말렉을 쳐서 그들의 모든 소유를 남기지 말고 진멸하되 남녀와 소아와 젖 먹는 아이와 우양과 낙타와 나귀를 죽이라 하셨나이다" 삼상 15:2-3

하나님은 아말렉을 완전히 없애라고 말씀하셨습니다. 그러나 사울왕은 기름지고 좋은 것은 놔두고 가치 없고 하찮은 것만 진멸했습니다.

하나님의 말씀에 사울왕이 순종하지 않고 아말렉 일부를 살려 둔 대가가 바로 이것입니다. 전세(戰勢)가 바뀌었습니다. 이제 유다인들은 아말렉의 후손에게 진멸당할 위기에 처했습니다. 이제 유다인의 목숨은 경각에 달렸습니다. 악인이 형통한 듯합니다. 악인이 계획한 대로 이루어질 것만 같습니다. 하만은 기고만장하여 아하수에로왕과 함께 앉아 축배를 듭니다. 이미 승리에 도취하였습니다.

악을 이기는
신자의 태도

우리는 악인이 번성하는 모습을 자주 봅니다. 세상을 보면 악인들이 권력을 잡고 있습니다. 그들은 입만 열면 거짓말합니다. 머리를 굴려 음모를 꾸미고 작당합니다. 수단과 방법을 가리지 않고 악을 행합니다. 그런데 일이 잘됩니다. 악인은 무자비한데, 하나님의 백성은 허약해 보입니다. 그런 가운데서 하나님의 백성은 당할 수밖에 없습니다.

악인과 같이 악을 쓰겠습니까, 같이 머리를 굴리겠습니까? 세상에서는 요령이 통합니다. 그러나 성경은 우리에게 악인의 꾀를 따르지 말라 합니다. 죄인의 길에 서지도, 오만한 자의 자리에 앉지도 말라 합니다. 하나님의 백성에게는 묘수가 없어 보입니다. 악인에게 걸려 넘어질 수밖에 없는 듯합니다. 이제 유다인들은 죽을 수밖에 없습니다. 하만은 아하수에로왕과 함께 축배를 들고 있습니다. 유다인들은 악인 하만에 의해 진멸할 수밖에 없게 되었습니다.

우리는 하만과 모르드개의 위치를 확인해야 합니다. 하만은 아하수에로왕과 함께 있습니다. 왕과 가까운 곳에 있습니다. 실세가 되어 기세가 등등합니다. 이것이 모르드개에게는 위협적입니다. 그런데 이때 모르드개는 어디에 있습니까? 그는 대궐 문에 앉아 있습니다. 일상의 자리를 여전히 지키고 있습니다. 모르드개라고 수가 없었을까요? 모르드개는 내시 두 사람의 음모를 왕에게 알림으로 왕의 신임을 얻었습니다. 그 역시 왕과 가까운 곳에 있었습니다. 무슨 일이든 하려고 마음먹으면 할 수 있었을 것입니다.

이 세상을 사는 우리에게도 이런 일이 일어납니다. 상대가 권력으로 누르면, 우리는 눌릴 수밖에 없습니다. 하나님의 백성은 모든 면에서 열세입니다. 아무리 따져 봐도 하나님의 백성은 밀리고 처집니다. 세상 속에서 파워게임이 벌어지면 신자는 약자가 될 수밖에 없습니다. 계란으로 바위를 치는 것과 같습니다.

그럴 때 우리는 세상 사람들과 같은 방식으로 맞대응해서는 안 됩니다. 우리는 세상 사람들이 가진 힘의 실상을 보아야 합니다. 그들의 힘이 대단해 보여도 오래가지 않습니다. 그 힘의 실상을 보지 못하면, 우리는 세상 사람들처럼 권력에 속습니다. 힘이 없어 망하는 것이 아닙니다. 힘이 넘쳐서 망합니다. 그러므로 신자는 힘을 자랑해서는 안 됩니다. 오히려 약함을 자랑해야 합니다. 자신의 힘을 믿지 않고 약함을 자랑할 때 하나님이 도우십니다. 그때 하나님의 능력이 우리에게 머뭅니다.

세상의 잣대로 봤을 때 다윗과 골리앗은 상대가 되지 않습니다. 골리앗은 외형이 화려합니다. 머리에는 놋 투구를 썼고, 몸은 비늘 갑옷을 입었습니다. 그러나 다윗은 갑옷을 입지 않았습니다. 누가 보든 골리앗이 이길 것으로 예상합니다. 그러나 다윗이 이겼습니다. 다윗은 물맷돌 하나로 골리앗을 쓰러뜨렸습니다.

세상 속에서 우리는 하나님 나라의 대표선수입니다. 우리는 골리앗 앞에 선 다윗입니다. 하나님의 백성은 망할 것 같아도 망하지 않습니다. 에스더서도 마찬가지입니다. 누가 봐도 하만의 승리를 예상할 것입니다. 그러나 에스더서의 이야기는 여기서 끝이 아닙니다. 모든 일의 결론은 하나님이 내리십니다. 그 전에 우리가 성급하게 결론을 내리려고 해서는 안 됩니다. 살아가는 동안 이해할 수 없는 일이 일어날지라도 낙심하지 마세요. 우리는 하나님의 능력을 의지하고 살아야 합니다. 하나님이 역사하시면, 우리가 상상하지 못한 일이 얼마든지 일어날 수 있습니다. 우리는 하나님이 일하시는 것을 보아야 합니다.

이기는 성도

세상 사람들이 가진 힘이 대단해 보여도 오래가지 않습니다. 힘이 없어 망하는 것이 아닙니다. 힘이 넘쳐서 망합니다. 그러므로 신자는 오히려 약함을 자랑해야 합니다. 자신의 힘을 믿지 않고 약함을 자랑할 때 하나님이 도우십니다.

7

믿음의 사람이
세상을 돌파한다

에스더 4:1-17

1 모르드개가 이 모든 일을 알고 자기의 옷을 찢고 굵은 베 옷을 입고 재를 뒤집어쓰고 성중에 나가서 대성 통곡하며

2 대궐 문 앞까지 이르렀으니 굵은 베 옷을 입은 자는 대궐 문에 들어가지 못함이라

3 왕의 명령과 조서가 각 지방에 이르매 유다인이 크게 애통하여 금식하며 울며 부르짖고 굵은 베 옷을 입고 재에 누운 자가 무수하더라

4 에스더의 시녀와 내시가 나아와 전하니 왕후가 매우 근심하여 입을 의복을 모르드개에게 보내어 그 굵은 베 옷을 벗기고자 하나 모르드개가 받지 아니하는지라

5 에스더가 왕의 어명으로 자기에게 가까이 있는 내시 하닥을 불러 명령하여 모르드개에게 가서 이것이 무슨 일이며 무엇 때문인가 알아보라 하매

6 하닥이 대궐 문 앞 성 중 광장에 있는 모르드개에게 이르니

7 모르드개가 자기가 당한 모든 일과 하만이 유다인을 멸하려고 왕의 금고에 바치기로 한 은의 정확한 액수를 하닥에게 말하고

8 또 유다인을 진멸하라고 수산 궁에서 내린 조서 초본을 하닥에게 주어 에스더에게 보여 알게 하고 또 그에게 부탁하여 왕에게 나아가서 그 앞에서 자기 민족을 위하여 간절히 구하라 하니

9 하닥이 돌아와 모르드개의 말을 에스더에게 알리매

10 에스더가 하닥에게 이르되 너는 모르드개에게 전하기를

11 왕의 신하들과 왕의 각 지방 백성이 다 알거니와 남녀를 막론하고 부름을 받지 아니하고 안뜰에 들어가서 왕에게 나가면 오직 죽이는 법이요 왕이 그 자에게 금 규를 내밀어야 살 것이라 이제 내가 부름을 입어 왕에게 나가지 못한 지가 이미 삼십 일이라 하라 하니라

12 그가 에스더의 말을 모르드개에게 전하매

13 모르드개가 그를 시켜 에스더에게 회답하되 너는 왕궁에 있으니 모든 유다인 중에 홀로 목숨을 건지리라 생각하지 말라

14 이때에 네가 만일 잠잠하여 말이 없으면 유다인은 다른 데로 말미암아 놓임과 구원을 얻으려니와 너와 네 아버지 집은 멸망하리라 네가 왕후의 자리를 얻은 것이 이때를 위함이 아닌지 누가 알겠느냐 하니

15 에스더가 모르드개에게 회답하여 이르되

16 당신은 가서 수산에 있는 유다인을 다 모으고 나를 위하여 금식하되 밤낮 삼 일을 먹지도 말고 마시지도 마소서 나도 나의 시녀와 더불어 이렇게 금식한 후에 규례를 어기고 왕에게 나아가리니 죽으면 죽으리이다 하니라

17 모르드개가 가서 에스더가 명령한 대로 다 행하니라

위기의 순간 드러나는
참신앙

에스더서 4장은 유다인 학살 음모가 구체화됩니다. 하만의 모함으로 아하수에로왕은 열두째 달 곧 아달월 13일 하루 동안에 모든 유다인, 즉 젊은이, 늙은이, 어린이, 여인들을 막론하고 죽이고 도륙하고 진멸하고, 그들의 재산을 탈취하라는 조서를 각 지방에 내렸습니다(3:13). 이 소식을 들은 유다인들은 대성통곡했습니다. 유다 공동체는 큰 슬픔에 잠겼습니다. 곳곳에서 곡소리가 들렸습니다.

우리는 살아가면서 어디에서나 하만을 볼 수 있습니다. 하만은 우리를 넘어뜨리고, 죽이고, 진멸하려고 합니다. 이것은 곧 사탄이요 악입니다. 사탄은 오늘날 지구촌 곳곳에서 활동하면서 교회와 하나님의 백성을 노립니다. 우리가 신앙생활을 잘하도록 내버려두지 않습니다. 우리 생명을 위협하면서 마구 뒤흔들어 놓으려고 합니다. 이렇게 우리는 날마다 영적 전쟁을 하며 살아갑니다.

그런데 적이 있다는 것은 우리에게 유익합니다. 예수님 곁에도 언제나 악의 세력이 있었습니다. 유다인도 마찬가지입니다. 그들의 삶은 풍전등화와 같았습니다. 그러나 영적 통찰력이 있는 사람은 일어난 현상만 보기보다 그 이면을 봅니다. 그 일 속에서 하나님의 의도를 발견합니다. 영적 통찰력이 있는 사람은 세상 사람들이 우연이라 여기는 일 속에서 분주하게 움직이시는 하나님을 발견합니다. 세상 사람들이 일어난 상황에 감정적으로 반응할 때 우리는 하나님을 기억해야 합니다. '하나님이 왜 나에게 이런 일을 허락하셨는가, 하나님이 이 일을 통해 무엇을 하기 원하시는가'를 생각해야 합니다. 하나님의 안목으로 사건을 바라보고 해석하는 훈련을 해야 합니다. 하나님의 관점으로 보지 못할 때 염려하게 됩니다.

유다 민족은 앞이 보이지 않는 위기 상황 가운데 있습니다. 사면초가, 절체절명의 상황입니다. 문이 모두 닫힌 듯합니다. 이제 유다인들은 진멸될 일만 남은 듯합니다.

"모르드개가 이 모든 일을 알고 자기의 옷을 찢고 굵은 베 옷을 입고 재를 뒤집어쓰고 성중에 나가서 대성통곡하며" 4:1

모르드개가 대궐 문 앞까지 이르렀습니다. 그런데 굵은 베 옷을 입은 자는 대궐 문에 들어갈 수 없었습니다. 이때 모르드개는 에스더에게 도움을 청했습니다. 모르드개는 유다 민족이 몰살당할 위기에 처했음을 에스더에게 알렸습니다. 아하수에로왕에게 나아가 구원을 요청하라고 에스더에게 부탁했습니다. 그런데 에스더는 난색을 드러냈습니다.

"에스더의 시녀와 내시가 나아와 전하니 왕후가 매우 근심하여 입을 의복을 모르드개에게 보내어 그 굵은 베 옷을 벗기고자 하나 모르드개가 받지 아니하는지라" 4:4

에스더는 모르드개에게 의복을 보냈습니다. 보기 흉한 굵은 베 옷을 벗으라는 의미였습니다. 왕실에 있던 왕후 에스더는 왕궁 밖에서 유다인의 상황이 어떠한지 전혀 알지 못했습니다.

모르드개는 에스더가 보낸 의복을 받지 않았습니다. 아직 굵은 베 옷을 벗을 때가 아니라고 생각했습니다. 모르드개가 의복을 받지 않자, 에스더는 내시 하닥을 보내 상황을 알아보게 했습니다. 모르드개는 하닥에게 상황을 모두 말했습니다. 그리고 유다인을 진멸하라고 내린 조서 초본을 하닥에게 주었습니다. 그러면서 에스더에게 "왕에게 나아가서 그 앞에서 자기 민족을 위하여 간절히 구하라"(4:8)고 전하라 말했습니다.

하닥이 돌아와 에스더에게 모든 정황을 전했습니다. 에스더는 하닥에게 "너는 모르드개에게 전하기를 왕의 신하들과 왕의 각 지방 백성이 다 알거니와 남녀를 막론하고 부름을 받지 아니하고 안뜰에 들어가서 왕에게 나가면 오직 죽이는 법이요 왕이 그 자에게 금 규를 내밀어야 살 것이라 이제 내가 부름을 입어 왕에게 나가지 못한 지가 이미 삼십 일이라 하라"(4:10-11)라고 말했습니다.

당시에는 누구든 허락 없이 왕 앞으로 나아가면 죽을 수도 있었습니다. 우리는 1장에서 이런 악법이 제정되는 과정을 봤습니다. 에스더도 예외가 될 수 없었습니다. 그런 이유로 에스더는 왕후였지만 30일이 지나도록 왕을 만나지 못했습니다. 왕이 언제 부를지 알 수 없었습니다.

그러나 모르드개는 물러서지 않았습니다. 그렇다고 마냥 기다릴 수는 없었습니다. 유다인들이 처한 상황을 생각하면 시간이 없었습니다. 모르드개는 내시 하닥을 통해 에스더에게 "너는 왕궁에 있으니 모든 유다인 중에 홀로 목숨을 건지리라 생각하지 말라"(4:13)고 했습니다. 이는 너 혼자만 유다 공동체와 분리되어 있다고 생각하지 말라는 것입니다.

신앙생활을 오래 하다 보면 세상과 거리가 생깁니다. 사람들은 자신만의 울타리를 치고 살아갑니다. 그러다 보면 세상을 제대로 읽을 수 없습니다. 세상에서 무슨 일이 일어나는지 알 수 없습니다. 신앙이 개인주의화되기 쉽습니다. 그렇게 되면 사람들은 자신이 구원받은 것으로 만족하고 살아갑니다. 그러나 우리는 혼자 예수 믿고 구원받은 것으로 만족해서는 안 됩니다. 우리 교회만 잘되는 것으로 만족해서는 안 됩니다.

그러므로 신앙의 개인주의화는 비성경적입니다. 우리는 신앙을 가지는 순간 공동체를 생각해야 합니다. 신앙을 가지는 순간 세상에 대해 책임감을 느껴야 합니다. 이 세상이 하나님의 나라가 되어야 하기 때문입니다.

모르드개는 강경했습니다. 그는 에스더에게 왕을 찾아가 구원을 요청하라고 부탁했습니다.

> "이때에 네가 만일 잠잠하여 말이 없으면 유다인은 다른 데로 말미암아
> 놓임과 구원을 얻으려니와 너와 네 아버지 집은 멸망하리라 네가 왕후
> 의 자리를 얻은 것이 이때를 위함이 아닌지 누가 알겠느냐" 4:14

이 말은 곧 "네가 가만히 있어도 유다인은 죽지 않을 것이다. 하나님
이 유다인을 살려 주실 것이다. 그러나 네가 가만히 있으면, 너와 네 아
버지의 집은 멸망할 것이다"라는 말입니다. 모르드개의 말이 옳습니다.
모르드개의 말에서 그의 신앙을 엿볼 수 있습니다. 이처럼 위기에 처하
면, 신앙의 참모습이 드러납니다.

모르드개는 에스더에게 도움을 구했지만 모든 책임을 넘기지는 않았
습니다. 에스더가 모르드개의 말에 순종하든 하지 않든 하나님은 제한
받는 분이 아닙니다. 전지전능하신 하나님은 누구를 통해서든 역사하십
니다. 하나님 혼자서도 역사하십니다. 모르드개는 에스더가 잠잠해도 하
나님이 유다 민족을 구하실 것을 믿었습니다. 유다 민족이 절체절명의
위기 가운데 있었지만, 모르드개는 공포에 사로잡히지 않았습니다. 모
르드개는 하나님의 주권, 하나님의 섭리를 믿었습니다. 하나님이 당신
의 백성을 지키심을 믿었습니다. 다만 모르드개는 유다인을 구하는 일

에 에스더가 쓰임받기를 원했습니다.

다급한 일이 생기면 당황하기 쉽습니다. 불안하고 공포를 느낄 수 있습니다. 그러나 신자는 한 가지를 기억해야 합니다. 우리 생명은 하나님께 있음을 믿어야 합니다. 우리는 하나님이 살려 주셔야 살 수 있습니다. 그러므로 모든 것이 하나님의 은혜입니다. 모든 것이 하나님 손에 있습니다. 만일 우리가 죽는다면 그것 또한 하나님의 뜻입니다.

"죽으면 죽으리이다"의
각오로

모르드개는 에스더에게 "네가 왕후의 자리를 얻은 것이 이때를 위함이 아닌지 누가 알겠느냐"(4:14)라고 말했습니다. 모르드개는 에스더를 왕후가 되게 하신 하나님의 목적이 있음을 에스더에게 알려 주었습니다. 하나님이 계획을 가지고 에스더를 왕후가 되게 하셨다는 것입니다. 모르드개가 에스더에게 한 말이지만, 우리 가슴에 꽂히는 말입니다.

우리는 하나님이 우리에게 주신 사명을 생각해야 합니다. 지금 자신이 있는 자리를 생각해야 합니다. 하나님이 그 자리에 있게 하신 이유를 알아야 합니다. 하나님이 이 자리를 그냥 주신 것이 아닙니다. 단지 나혼자 잘 먹고 잘살라고 주신 것이 아닙니다.

우리는 사는 이유, 일하는 이유를 생각해야 합니다. 그 이유를 모른 채 살아간다면 삶이 의미 없습니다. 오늘날 사람들은 '왜 사는가'를 생각하지 않습니다. 삶의 가치, 살아야 할 이유를 모른 채 그저 떠돌아다니는 문화에 취해 정신없이 살아갑니다. 그 결과 삶이 공허하고 허무합니다. 그렇게 산다면 부를 누리고 인기가 많고 좋은 집에 살아도 모두 의미 없습니다. 살아야 하는 이유를 알아야 우울하지 않습니다. 왜 살아야 하는가를 알아야 의미 있게 살 수 있습니다.

내가 가진 것은 특권이 아니라 나에게 주어진 책임입니다. 우리의 재주로 가진 것이 아닙니다. 하나님이 주신 것입니다. 하나님과 상관없이 돈을 벌었다면 자기 마음대로 사용해도 됩니다. 그러나 하나님의 도우심을 믿는 사람은 자신의 소유를 마음대로 사용해서는 안 됩니다. 주어진 것을 나만을 위해 사용해서도 안 됩니다. 하나님이 주시는 복은 사명과 연결됩니다.

그런데 살다 보면 사명을 외면할 때가 많습니다. '굳이 내가 하지 않아도…'라고 생각하며 도피하려고 할 때가 많습니다. 문제 속에 깊이 개입하지 않으려고 합니다. 편하게 살고 싶어 합니다. 에스더도 그랬던 것 같습니다. 지금껏 에스더의 삶은 수동적이고 소극적이었습니다. 에스더는 왕후가 될 때에도 모르드개가 주도하는 대로 따랐을 뿐입니다. 그러나 지금 에스더는 능동적으로 바뀌었습니다. 모르드개가 지시하는 대로 행동하던 에스더가 모르드개에게 명령했습니다.

이기는 성도

에스더가 전면에 나서서 리더십을 발휘했습니다. 에스더는 모르드개에게 말합니다.

> "당신은 가서 수산에 있는 유다인을 다 모으고 나를 위하여 금식하되 밤낮 삼 일을 먹지도 말고 마시지도 마소서 나도 나의 시녀와 더불어 이렇게 금식한 후에 규례를 어기고 왕에게 나아가리니 죽으면 죽으리이다" 4:16

모르드개가 강력하게 촉구하자, 에스더가 결단을 내렸습니다. 에스더는 자신의 안전을 생각하지 않았습니다. "죽으면 죽으리이다"라는 각오로 왕 앞에 나아가겠다고 말했습니다. 에스더의 이 말에는 자신이 죽더라도 민족을 살리겠다는 비장함이 있습니다.

위기 앞에서 에스더는 우회로를 택하지 않았습니다. 정면 돌파했습니다. 정면 승부했습니다. 앞으로 나아갔습니다. 에스더와 모르드개는 믿음의 사람입니다. 믿음의 사람은 결정적인 순간에 직진합니다. 우회로를 찾지 않습니다. 믿음의 사람에게 우회로는 없습니다. 퇴로도 없습니다. 그런데 살려고 하다가 죽는 사람이 많습니다. 죽지 않으려고 몸부림치다가 죽기도 합니다. 참으로 안쓰럽습니다. 의미 있고 가치 있게 사는 사람은 올바른 목표와 가치를 위해 "죽으면 죽으리이다"라는 각오로 삽니다. 사명을 위해 삽니다.

자신에게 주어진 책임을 회피해서는 안 됩니다. 그런 사람은 "죽으면 죽으리이다"라고 말할 수 없습니다. 믿음의 사람은 자신의 자리에서 책임을 다해야 합니다. 모세는 바로에게 나아갈 때 정면 돌파했습니다. 머뭇거리지 않았습니다. 모세는 자신에게 주어진 책임을 회피하려고 하지 않았습니다. 다니엘과 그의 세 친구는 생명의 위협을 받으면서도 정면 돌파했습니다. 하나님께 모든 것을 맡긴 사람은 정면 돌파할 수 있습니다.

느헤미야가 그랬습니다. 느헤미야는 수산 궁에서 왕의 신임을 받는 술 맡은 관원장이었습니다. 그러나 그는 예루살렘의 성벽이 무너졌다는 소식을 들은 후 식음을 전폐하고 기도했습니다. 그리고 자신의 직위를 포기하고 고국으로 돌아갔습니다. 초대 교회의 그리스도인들도 부활을 확신했기에 "죽으면 죽으리이다"라는 각오로 살았습니다.

이 시대에도 깨어 있는 사람이 필요합니다. 깨어 있지 않으면 잠들기 쉽습니다. 그러다 죽고 맙니다. 이 시대에는 "죽으면 죽으리이다"라고 결단하는 사람이 매우 적습니다. 순교의 영성이 사라졌습니다. 다들 죽음을 두려워합니다. 비겁해졌습니다. 편안하게 살려고 하다가 그냥 죽을 수 있습니다. 편하게 살려고 해도 세상이 우리를 가만히 두지 않습니다. 세상은 우리를 죽이려 합니다.

타락한 세상에서는 별일이 다 일어납니다. 우리의 삶을 흔드는 일이 하루 동안에도 많이 일어납니다. 이러한 때에 우리는 어떻게 살아야 합니까? 신앙은 태도입니다. "죽으면 죽으리이다"라는 결단이 이 시대에 필요합니다. 이런 태도로 사는 사람이 세상을 변화시킵니다.

죽기를 각오한 기도

에스더는 왕을 만나러 곧바로 가지 않았습니다. 에스더는 모르드개에게 유다인을 모아 자신을 위해 3일 동안 금식하도록 요청했습니다. 자신도 시녀와 함께 금식했습니다. 에스더는 기도가 절실함을 알았습니다. 에스더는 하나님께 매달렸습니다. 일을 시작하기 전에 하나님의 허락을 받아야 합니다. 하나님이 살려 주셔야 살 수 있습니다. 금식하며 기도할 때 영적으로 회복됩니다. 그들은 금식을 통해 하나님의 백성으로 돌이켰습니다. 하나님과의 관계를 회복했습니다.

모르드개는 에스더의 말대로 행했습니다.

"모르드개가 가서 에스더가 명령한 대로 다 행하니라" 4:17

이전까지는 모르드개가 에스더에게 지시했습니다. 그런데 이제 에스더가 명령하고 모르드개가 그 말을 따릅니다. 유다인들은 공동체의 운명을 위해 금식했습니다. 3일 동안 먹지도, 마시지도 않는 금식은 쉽지 않습니다. 자칫 목숨이 위태로울 수도 있습니다. 금식하며 하는 기도는 죽기를 각오하는 기도입니다. 생명을 걸고 하는 기도입니다.

이렇게 위험한데 왜 금식하며 기도합니까? 하나님 외에 다른 길이 없기 때문입니다. 금식은 하나님의 처분에 전적으로 순종하기로 결단하는 것입니다. 위급한 순간에는 금식하며 기도하는 것이 효과적입니다. 생명을 걸고 기도하면 삽니다. 생명을 걸고 기도할 때 하나님이 역사를 바꾸어 놓으십니다.

그런데 요즘은 생명을 걸고 기도하는 사람이 적습니다. 위기의식이 없기 때문입니다. 풍요의 시대를 살다 보니 아픔이 없습니다. 현실에 안주하기 때문에 금식하지 않습니다. 사람들은 애타게 기도하는 사람을 이상하게 생각합니다. 그러나 우리는 금식함으로 죽음과 부활을 경험할 수 있습니다.

죽고자 하면 사는
역설의 신앙

하나님은 에스더서를 통해 극적 반전을 우리에게 보여 주십니다. 하나님은 막판 뒤집기를 좋아하십니다. 그러므로 마지막까지 가야 사건의 결말을 알 수 있습니다. 하나님은 하나님 나라를 위해 죽고자 하는 사람을 살리십니다. "죽으면 죽으리이다" 결단하는 사람에게 부활을 허락하십니다.

만약 에스더가 "죽으면 죽으리이다"라고 결단하지 않았다면 어떻게 되었을까요? 그래도 하나님은 당신의 백성을 살려 주셨을 것입니다. 그러나 에스더는 아무것도 아니게 되었을 것입니다. 에스더서는 기록되지 않았을 것입니다. 만약 에스더가 살고자 했다면 그는 죽었을 것입니다. 그런데 에스더는 "죽으면 죽으리이다"라고 결단함으로 유다 공동체를 죽음의 위기에서 구했습니다. 에스더의 결단이 모든 상황을 바꾸어 놓았습니다.

여기서 우리는 예수님의 십자가를 생각합니다. 십자가에서의 죽음을 선택하는 것은 쉬운 일이 아닙니다. 예수님은 겟세마네 동산에서 "아빠 아버지여 아버지께는 모든 것이 가능하오니 이 잔을 내게서 옮기시옵소서 그러나 나의 원대로 마시옵고 아버지의 원대로 하옵소서"(막 14:36)라고 기도하셨습니다. 예수님은 죽음을 선택하셨습니다. 예수님이 십자가에 못 박혀 죽으심으로 인류가 구원받았습니다. 예수님은 자신의 죽음으로 모든 사람을 살리셨습니다. 십자가는 우리 신앙의 중심에 있습니다. 우리는 십자가의 길을 걸어가야 합니다.

오늘날 이 세상은 자신이 살기 위해 남을 죽입니다. 혈투가 벌어집니다. 그래서 세상에서 살기가 힘듭니다. 나쁜 사람을 죽인다고 세상이 달라지는 것은 아닙니다. "죽으면 죽으리이다"는 용기를 말하는 것이 아닙니다. 살신성인을 의미하는 말도 아닙니다. 내가 죽음으로 다른 사람을 살리는 십자가의 정신입니다. 이것이 세상을 바꿉니다.

아무나 자신의 생명을 내어놓지 않습니다. 하나님이 누구신가를 아는 사람이 목숨을 걸 수 있습니다. 예수님이 우리를 위해 자신의 생명을 내어주신 것을 깊이 경험한 사람이 죽음을 이해합니다. 그는 자신의 생명을 바칠 만한 것을 발견한 사람입니다. 이런 사람은 자신의 생명을 아낌없이 내어놓습니다. 자신이 깨달은 진리를 위해, 사명을 위해 생명을 바칩니다.

예수 그리스도의 복음과 하나님, 하나님의 나라를 경험한 사람은 자신의 생명을 아끼지 않습니다. 절대가치를 위해 자신의 생명을 내어놓을 수 있는 이가 참으로 행복한 사람입니다. 이런 사람에게 복이 있습니다.

신앙은 역설입니다.

"무릇 자기를 높이는 자는 낮아지고 자기를 낮추는 자는 높아지리라"

눅 14:11

얻으려고 하면 잃습니다. 잃으려고 하면 얻습니다. 살려고 하면 죽습니다. 죽으려고 하면 삽니다. 인생은 짧습니다. 저돌적으로 살아야 합니다. 오래 사는 것이 복이 아니라 생명을 걸 일을 하며 사는 것이 복입니다.

천국은 침노하는 사람이 차지합니다. 믿음으로 한계와 난관을 돌파하며 살아갈 때, 우리 앞에 놓인 홍해가 갈라질 것입니다. "죽으면 죽으리이다"라고 결단하고 앞으로 나아갈 때, 우리가 나아갈 길을 하나님이 열어 주실 것입니다. 모든 고난을 돌파하기 바랍니다. 삶의 장애물을 뛰어넘기 바랍니다. 우리에게 다가오는 두려움을 이겨내기 바랍니다.

8

정확한 때에
역사는 일어난다

에스더 5:1-8

1 제삼일에 에스더가 왕후의 예복을 입고 왕궁 안 뜰 곧 어전 맞은편에 서니 왕이 어전에서 전 문을 대하여 왕좌에 앉았다가

2 왕후 에스더가 뜰에 선 것을 본즉 매우 사랑스러우므로 손에 잡았던 금 규를 그에게 내미니 에스더가 가까이 가서 금 규 끝을 만진지라

3 왕이 이르되 왕후 에스더여 그대의 소원이 무엇이며 요구가 무엇이냐 나라의 절반이라도 그대에게 주겠노라 하니

4 에스더가 이르되 오늘 내가 왕을 위하여 잔치를 베풀었사오니 왕이 좋게 여기시거든 하만과 함께 오소서 하니

5 왕이 이르되 에스더가 말한 대로 하도록 하만을 급히 부르라 하고 이에 왕이 하만과 함께 에스더가 베푼 잔치에 가니라

6 잔치의 술을 마실 때에 왕이 에스더에게 이르되 그대의 소청이 무엇이뇨 곧 허락하겠노라 그대의 요구가 무엇이뇨 나라의 절반이라 할지라도 시행하겠노라 하니

7 에스더가 대답하여 이르되 나의 소청, 나의 요구가 이러하니이다

8 내가 만일 왕의 목전에서 은혜를 입었고 왕이 내 소청을 허락하시며 내 요구를 시행하시기를 좋게 여기시면 내가 왕과 하만을 위하여 베푸는 잔치에 또 오소서 내일은 왕의 말씀대로 하리이다 하니라

이기는 성도

왕의 마음을
움직이시는 하나님

유다 민족은 일촉즉발의 위기 속에서 3일 동안 금식했습니다. 에스더는 "죽으면 죽으리이다"라는 각오로 왕 앞으로 나아갔습니다. 유다 민족의 운명이 에스더에게 달려 있었습니다.

"에스더가 왕후의 예복을 입고 왕궁 안 뜰 곧 어전 맞은편에 서니" 5:1

금식하는 동안에는 에스더도 굵은 베옷을 입었을 것입니다. 이제 에스더는 왕후의 예복을 입고 왕궁 안 뜰에 섰습니다. 에스더는 사사로운 목적으로 왕을 만나러 가는 것이 아닙니다. 그래서 격식을 갖추었습니다.

이때 에스더는 앞으로 나아갈 것인가 뒤로 물러설 것인가를 결정해야 했습니다. 왕의 부름을 받은 것이 아니니 죽을 수도 있었습니다. 왕이 금규를 내밀어야 그 앞으로 나아갈 수 있었습니다. 그런데 그때 왕좌에 앉아 있던 아하수에로왕이 어전 맞은편에 서 있는 에스더를 보았습니다. 이제 에스더의 운명은 아하수에로왕이 어떻게 반응하는가에 달려 있습니다. 손에 땀을 쥐게 하는 장면입니다.

"왕후 에스더가 뜰에 선 것을 본즉 매우 사랑스러우므로 손에 잡았던 금

규를 그에게 내미니 에스더가 가까이 가서 금 규 끝을 만진지라" 5:2

아하수에로왕은 에스더에게 금 규를 내밀었습니다. 그 행동은 왕에게 접근하는 사람에게 벌을 내리지 말라는 의미입니다. 왕은 에스더를 기꺼이 받아들였습니다. 어떻게 이런 일이 일어났을까요?

그 이유는 간단합니다. 왕의 눈에 에스더가 매우 사랑스러웠던 것입니다. 그러나 마음을 놓을 수는 없습니다. 1장에서 보았듯 아하수에로왕은 변덕스러운 사람이었습니다. 왕은 유다인을 진멸하라고 이미 조서를 내렸습니다. 그러나 에스더가 유다인인 것이 아직 알려지지 않았습니다. 이 사실이 알려지면 상황이 달라질 수 있습니다.

에스더는 아하수에로왕에게 가까이 나아갔습니다. 왕은 에스더에게 매우 호의적이었습니다. 왕은 "왕후 에스더여 그대의 소원이 무엇이며 요구가 무엇이냐 나라의 절반이라도 그대에게 주겠노라"(5:3)고 말했습니다. 아하수에로왕은 에스더가 왕에게 나아온 것이 예사롭지 않다고 생각했습니다. 무엇인가 문제가 있어 온 것이라고 생각했습니다. 그래서 아하수에로왕은 에스더를 존중하는 의미로 "왕후 에스더여"라고 불렀습니다. 그리고 "나라의 절반이라도 그대에게 주겠노라"고 말한 것은 원하는 것이 무엇이든 다 들어주겠다는 의미입니다. 아하수에로왕이 허세를 부리기는 했지만, 그의 마음이 에스더를 향해 활짝 열려 있음을 알 수 있습니다.

에스더는 "죽으면 죽으리이다" 각오하고 왕궁을 향해 나아갔는데, 일이 순탄하게 진행되었습니다. 반전입니다. 잠언 21장 1절에 보면, "왕의 마음이 여호와의 손에 있음이 마치 봇물과 같아서 그가 임의로 인도하시느니라"고 기록되어 있습니다. 왕의 마음이 하나님의 손에 있습니다. 여기서 우리는 하나님이 역사하시는 것을 볼 수 있습니다. 하나님의 은혜가 에스더에게 임했습니다. 하나님이 아하수에로왕의 마음을 움직이셨습니다. 만왕의 왕이신 하나님은 이방 나라 왕의 마음도 통제하십니다. 아하수에로왕의 마음이 에스더를 향해 활짝 열린 것은 하나님의 섭리입니다.

하나님은 사람의 마음을 움직이십니다. 그래서 하나님의 뜻을 이루십니다. 출애굽기에서는 바로의 완악한 마음을 움직이셨고, 다니엘서에서는 고레스왕의 마음을 움직이셨습니다. 하나님은 사람의 마음을 움직이셔서 역사(歷史)를 운행하십니다.

하나님과
박자를 맞추라

드디어 에스더에게 기회가 왔습니다. 이제 에스더는 자신이 왕궁 안뜰에 온 이유를 왕에게 말하면 됩니다. 그런데 기회가 왔다고 모든 것을 드러내면 안 됩니다. 지혜가 필요합니다. 에스더가 해야 하는 일은 작은 일이 아닙니다. 이미 내려진 조서를 뒤엎어야 하는 큰일입니다. 왕이 말을 바꿔야 합니다. 현실적으로 불가능한 상황입니다.

에스더는 아하수에로왕에게 뜻밖의 제안을 했습니다.

"오늘 내가 왕을 위하여 잔치를 베풀었사오니 왕이 좋게 여기시거든 하만과 함께 오소서" 5:4

이에 아하수에로왕은 하만을 급히 불렀습니다. 그리고 에스더가 베푼 잔치에 하만과 함께 갔습니다. 잔치 자리에서 술을 마시다가 아하수에로왕은 에스더에게 다시 한번 소원을 묻습니다.

"그대의 소청이 무엇이뇨 곧 허락하겠노라 그대의 요구가 무엇이뇨 나라의 절반이라 할지라도 시행하겠노라" 5:6

그런데 이번에도 에스더는 본론을 말하지 않습니다. 에스더는 "나의 소청, 나의 요구가 이러하니이다 내가 만일 왕의 목전에서 은혜를 입었고 왕이 내 소청을 허락하시며 내 요구를 시행하시기를 좋게 여기시면 내가 왕과 하만을 위하여 베푸는 잔치에 또 오소서 내일은 왕의 말씀대로 하리이다"(5:7-8)라고 말했습니다.

아하수에로왕의 마음이 급해졌습니다. 물론 에스더도 급한 상황입니다. 얼마나 말하고 싶겠습니까. 왕궁 밖에 있는 유다인들이 반가운 소식을 기다리고 있습니다. 그들의 마음이 타고 있을 것입니다. 그러나 에스더는 참고 서두르지 않았습니다. 에스더는 아직 때가 아니라고 생각했습니다. 에스더는 하나님이 개입하시는 결정적인 때를 기다렸습니다.

야구경기를 보면, 최고의 타자는 방망이를 마구 휘두르지 않습니다. 매우 빠른 속도로 날아오는 공을 보고 자신이 쳐야 할 공인지 아닌지 알아내기는 쉽지 않습니다. 강속구가 날아오는 중에도 자신이 쳐야 할 공을 직감하고 방망이로 정확하게 맞춰야 홈런이 됩니다.

바다에는 파도가 계속 칩니다. 서핑하는 사람들은 자신이 타야 할 파도를 알고 타이밍에 맞춰 파도를 탑니다. 밥을 지을 때에 중요한 것은 뜸을 들이는 것입니다. 배고프다고 밥솥 뚜껑을 일찍 열어 버리면 밥이 설익습니다. 이처럼 모든 일에는 때가 중요합니다. 때가 차야 합니다.

우리는 에스더를 주목해야 합니다. 마음이 급하면 실수하기 쉽습니다. 속이 타도, 느긋하게 행동해야 합니다. 무슨 일이든 때를 기다리는 것은 어렵습니다. 그러나 에스더는 자신이 생각하는 최상의 때를 기다리고 있습니다. 상황은 에스더를 향해 기울었습니다. 그러나 에스더는 급하게 행동하지 않았습니다. 에스더는 왕의 마음이 열리려면, 시간이 필요하다고 생각했습니다.

아하수에로왕을 잔치에 초대할 때, 에스더는 "왕이 좋게 여기시거든"(5:4), "내 요구를 시행하시기를 좋게 여기시면"(5:8)이라고 완곡하게 표현했습니다. 아하수에로왕이 나라의 절반이라도 줄 테니 무슨 소원이든 말하라고 했지만, 에스더는 급하지도, 무례하지도 않았습니다. 에스더는 지혜롭게 행동했습니다. 금식하며 기도했으니 밀어붙여도 된다고 생각하지 않았습니다. 금식하며 기도했으니 모든 것이 가능할 것이라고 생각해서는 안 됩니다. 하나님의 때를 알아차리는 분별력이 있어야 합니다.

에스더는 아하수에로왕의 인내를 테스트한 것이 아닙니다. 왕이 짜증을 내면, 모든 것이 수포가 될 수 있습니다. 에스더가 더 미루면, 오히려 위험해질 수 있습니다. 아하수에로왕의 마음이 어떻게 변할지 알 수 없습니다. 그리고 하만이라는 인물은 또 다른 변수가 될 수 있습니다. 만약 하만이 그 사이에 에스더가 유다인인 것을 알게 되면, 에스더의 계획에 차질이 생길 수 있습니다.

이때 에스더가 용기를 냈습니다. 에스더는 믿음으로 행동했습니다. 만약 에스더가 두려워했다면, 하만을 잔치에 오게 하지 않았을 것입니다. 에스더는 담대했습니다. 에스더는 하나님의 역사(役事)를 신뢰했습니다. 에스더는 "죽으면 죽으리이다"라고 결심했습니다.

그런데 이것을 오해해서는 안 됩니다. 아무 일에나 목숨을 걸어서는 안 됩니다. 목숨을 걸 만한 일에 걸어야 합니다. 그러므로 지혜가 필요합니다. 하나님의 수(手)를 읽는 눈이 필요합니다. 자신의 역할을 정확하게 알고 접근해야 합니다. 에스더에게서 고수의 모습이 보입니다. 다듬은 벽돌로 정교하게 집을 지어 가는 듯합니다.

다행히도 아하수에로왕은 에스더의 부탁을 흔쾌히 들어주었습니다. 왕은 에스더가 이끄는 대로 따르는 것을 즐기는 듯했습니다. 에스더가 주도권을 잡았습니다. 아하수에로왕은 무장해제 되었습니다. 왕이 에스더의 소원을 모두 들어줄 듯합니다. 에스더가 자신의 속내를 드러내지 않자 왕은 에스더가 무엇을 원하는지 궁금했습니다.

어려운 일이 생길 때, 우리는 마음이 급해집니다. 그러나 하나님은 빠르지도 느리지도 않으십니다. 에스더가 능장을 부리는 것 같지만 그렇지 않습니다. 에스더는 하나님과 박자를 맞추고 있습니다. 만약 잔치 첫날 에스더가 모든 것을 털어놓았다면 어떻게 되었을까요? 모든 일이 뒤엉켰을지도 모릅니다. 문제가 복잡해졌을 것입니다. 우리가 하나님보다 서두를 때가 있습니다. 그럴 때 우리는 괜한 고생을 합니다. 하나님의 계획이 완벽하고 오차 없이 진행되는 것을 믿는다면, 서두르지 말아야 합니다.

하나님께 시간을 내어드리는 것이 믿음입니다. 하나님은 시간의 주인이십니다. 그러므로 시간이 하나님을 중심으로 흐르는 것을 믿어야 합니다.

하나님은 시간의 공백을
사용하신다

에스더가 잔치를 하루 연장함에 따라 시간의 공백이 생겼습니다. 그때 무슨 일이 일어날지 알 수 없습니다. 그러나 하나님은 시간의 공백을 사용하십니다. 우리는 하나님이 시간의 공백을 어떻게 메우시는가를 보아야 합니다.

모든 것이 에스더가 생각한 대로 흘러갑니다. 에스더는 잔치에 하만이 참석해야 한다고 생각했습니다. 다행히 하만은 에스더의 초대를 거부하지 않았습니다. 하만은 그 잔치에서 무슨 일이 일어날지 모른 채 왕후가 자신을 초대한 사실에 들떴습니다.

그런데 "그날 하만이 마음이 기뻐 즐거이 나오더니 모르드개가 대궐 문에 있어 일어나지도 아니하고 몸을 움직이지도 아니하는 것을 보고 매우 노하나"(5:9)라고 합니다. 하만은 기뻐하며 왕궁에서 나왔습니다. 그런데 모르드개가 대궐 문에 앉아 일어나지도 않고 몸을 움직이지도 않는 모습을 보고 하만은 화가 났습니다. 하만은 바사 제국의 2인자였습니다. 그런데 사소한 일에 감정이 흔들려 자신을 통제하지 못했습니다. 많은 사람이 그를 우러러봤고, 하만은 그것을 즐겼습니다. 하만은 자신을 우상으로 숭배했습니다. 그러다 보니 자기를 우러러보지 않는 한 사람, 모르드개가 눈엣가시였습니다. 하만은 대궐 문에 앉아 있는 모르드개와 신경전을 벌였습니다. 2인자답지 않은 모습입니다.

하만은 화가 났지만 그 자리에서는 참았습니다. 왕후의 잔치에 초대받은 기쁨을 깨뜨리고 싶지 않았습니다.

> "참고 집에 돌아와서 사람을 보내어 그의 친구들과 그의 아내 세레스를
> 청하여 자기의 큰 영광과 자녀가 많은 것과 왕이 자기를 들어 왕의 모든
> 지방관이나 신하들보다 높은 것을 다 말하고" 5:10-11

하만은 집으로 돌아와 친구들을 불러 자랑을 늘어놓았습니다.

> "또 하만이 이르되 왕후 에스더가 그 베푼 잔치에 왕과 함께 오기를 허락
> 받은 자는 나밖에 없었고 내일도 왕과 함께 청함을 받았느니라" 5:12

하만의 자랑은 계속되었습니다. 그는 전형적인 자아도취형입니다. 자아가 허약합니다. 사람들에게 인정받기를 갈망했습니다.

악인의 흉계는 언제나 끔찍합니다. 하만의 교만은 모르드개를 향해 폭발했습니다. 유다인을 향한 그의 증오심이 극에 달했습니다. "그러나 유다 사람 모르드개가 대궐 문에 앉은 것을 보는 동안에는 이 모든 일이 만족하지 아니하도다"(5:13)라고 합니다. 유다인을 죽이려는 하만의 계

획이 더욱 확고해졌습니다.

"그의 아내 세레스와 모든 친구들이 이르되 높이가 오십 규빗 되는 나무
를 세우고 내일 왕에게 모르드개를 그 나무에 매달기를 구하고 왕과 함
께 즐거이 잔치에 가소서 하니 하만이 그 말을 좋게 여기고 명령하여 나
무를 세우니라" 5:14

하만의 아내와 친구들이 오십 규빗 되는 나무를 세우고 거기에 모르
드개를 매달 것을 제안했습니다. 유유상종입니다.

상처 입은 영혼으로부터 흘러나오는 악은 이렇게 무섭습니다. 모르드
개를 높은 나무에 매달라고 한 것은 유다인에게 공포를 주기 위해서입
니다. 악인은 악을 행하는 데 열심입니다. 매우 조직적으로 움직입니다.
에스더서 1장에서 왕후 와스디를 폐위할 때에도 악인들은 일사불란하게
진행했습니다. 악을 행하는 사람은 치밀합니다. 집요합니다. 선을 행하
는 사람보다 더 적극적입니다. 하만은 자신이 높아지기를 원했고, 자신
에게 절하지 않는 모르드개는 나무에 높이 매달아 죽이려고 했습니다.

그러나 이 사건 이후 에스더서의 이야기는 반전됩니다. 에스더서에
는 익살과 풍자가 들어 있습니다. 하만이 세운 나무가 어떻게 사용되는
지를 우리는 알고 있습니다. 하만은 모르드개를 나무에 매달아 죽이기

위해 아하수에로왕을 압박하려 했습니다. 그러나 그것은 자기 생명을 단축하는 꼴이 되었습니다. 자업자득입니다. 악인은 언제나 자기 발에 걸려 넘어집니다. 어리석게도 스스로 심판의 길에 들어섭니다. 그러므로 내 손으로 악인을 심판하려고 할 필요가 없습니다.

이때까지만 해도 하만은 행복했습니다. 다음 날 아침이 밝아오기 전까지 하만은 아주 기분이 좋았습니다. 하만은 왕후의 잔치에 초대받은 것으로 행복했습니다. 게다가 모르드개를 나무에 매달 생각을 하니 분노가 말끔하게 해소되는 것 같았습니다. 하만은 자기가 저지른 악행 때문에 당장 다음날 잔치 자리에서 어떤 일을 겪게 될지 몰랐습니다.

다음날 에스더와 하만이 격돌합니다. 하만은 무방비 상태입니다. 그러나 에스더는 하만을 무너뜨릴 준비가 되어 있습니다. 에스더 뒤에는 유다인들이 있었습니다. 유다인들은 에스더를 위해 3일 동안 금식하며 기도했습니다. 일의 진행이 더딘 것 같아도, 하나님의 때가 되면 마치 휘몰아치듯 진행됩니다. 하나님이 일하시면, 사람의 모사와 음모는 아무 의미 없습니다. 하나님은 악인의 모사를 제압하십니다.

우리는 하만과 같은 마음으로 살아서는 안 됩니다. 선한 마음, 복된 마음을 가져야 합니다. 사람을 해하려고 생각해서는 안 됩니다. 오히려 사람을 살리는 생각을 해야 합니다.

"복 있는 사람은 악인들의 꾀를 따르지 아니하며 죄인들의 길에 서지 아

니하며 오만한 자들의 자리에 앉지 아니하고" 시 1:1

악인의 꾀를 멀리하세요. 죄인들의 길에 서지 마세요. 오만한 자의 자
리에 앉지 마세요. 악인, 죄인, 오만한 자와 함께하면 쉽게 오염됩니다.
로마서 12장 9절은 "사랑에는 거짓이 없나니 악을 미워하고 선에 속하
라"고 합니다. 데살로니가전서 5장 22절은 "악은 어떤 모양이라도 버리
라"고 합니다. 악은 오염 속도가 매우 빠릅니다. 악한 이야기를 들었다
면, 빨리 잊기 바랍니다. 악한 이야기가 의식 속에 남아 부정적인 영향
을 끼치지 않도록 애써야 합니다.

우리는 하나님의 일을
보게 될 것이다

날이 밝으면 에스더가 베푼 잔치가 벌어집니다. 운명의 시간이 다가
오고 있습니다. 자칫하면 에스더와 유다 민족 전체가 죽을 수도 있습니
다. 에스더에게 유다 민족의 생사가 달려 있습니다. 에스더는 유다 민
족을 위해 자신의 목숨을 걸었습니다. 이런 에스더의 모습은 예수님을
생각나게 합니다.

예수님은 우리를 구원하시기 위해 위험한 길을 걸어가셨습니다. 예

수님은 탄생하셨을 때부터 십자가에 못 박혀 죽으실 때까지 위험을 많이 겪으셨습니다. 그럼에도 불구하고 예수님은 우리를 구원하시기 위해 자신의 생명을 기꺼이 내어놓으셨습니다. 예수님의 희생으로 말미암아 우리가 구원받았습니다.

하나님은 시간 가운데 계시며, 시간 속에서 역사하십니다. 시간을 조절하시고, 허비하지 않으시며, 유용하게 사용하십니다. 그분은 매우 정확하시고, 당신의 일을 완벽하게 이루십니다. 하나님을 신뢰하시기 바랍니다. 우리 앞에 놓인 많은 일을 보면 초조할 수밖에 없습니다. 생각하는 대로 되지 않고 아무 일도 일어나지 않는 듯해도, 하나님은 분명히 일하고 계십니다. 우리가 그것을 믿는다면 초조해할 필요가 없습니다. 느긋해야 합니다. 우리는 하나님이 밤새 이루신 일을 보게 될 것입니다.

악은 교활합니다. 악은 적극적으로 우리에게 다가옵니다. 그럴지라도 두려워할 필요가 없습니다. 악과 직접 싸우려고 하지 마세요. 하나님이 우리 대신 싸우십니다. 그러므로 우리는 힘쓸 필요가 없습니다. 우리는 하나님을 주목해야 합니다. 하나님이 계획을 세우고 계십니다. 우리는 하나님의 때를 기다려야 합니다. 그것이 믿음입니다. 때가 되면 하나님은 우리를 승리하게 하실 것입니다. 하나님의 때를 바라보며 살아가기 바랍니다.

9

우연처럼 보이는
필연

에스더 6:1-3

¹ 그날 밤에 왕이 잠이 오지 아니하므로 명령하여 역대 일기를 가져다가 자기 앞에서 읽히더니

² 그 속에 기록하기를 문을 지키던 왕의 두 내시 빅다나와 데레스가 아하수에로왕을 암살하려는 음모를 모르드개가 고발하였다 하였는지라

³ 왕이 이르되 이 일에 대하여 무슨 존귀와 관작을 모르드개에게 베풀었느냐 하니 측근 신하들이 대답하되 아무것도 베풀지 아니하였나이다 하니라

이기는 성도

잠을 이루지
못한 밤에

6장은 에스더서 전체 내용을 놓고 봤을 때 매우 중요합니다. 그동안은 악인이 사건을 주도했습니다. 그런데 6장에서 반전이 일어납니다. 그렇다고 해서 이야기가 끝나는 것은 아닙니다. 아직 어디로 흘러갈지 알 수 없습니다. 유다인 학살 계획은 이미 시작되었습니다.

왕후 에스더의 잔치에 초대받은 후 하만은 마치 대단한 승리라도 한 것처럼 기뻐했습니다. 모든 것이 하만이 마음먹은 대로 되어 가는 듯합니다. 하만의 계획대로 된다면, 머지않아 바사 제국에 사는 유다인들을 대상으로 대학살극이 벌어질 것입니다.

이때 에스더는 왕과 하만을 잔치에 한 번 더 초대했습니다. 두 번째 잔치를 베푼 것입니다. 시간을 벌기 위한 에스더의 묘수였습니다. 그리고 잔치 전날 밤이 왔습니다. 우리는 하나님이 이 밤에 어떻게 일하시는지 주목해야 합니다. 하나님은 시간에 쫓기는 분이 아닙니다. 하나님이 역사하시면 하룻밤 사이에도 상황이 얼마든지 반전될 수 있습니다. 하나님은 전광석화처럼 눈 깜짝할 사이에 역사하실 수 있습니다.

하나님을 교회에만 계시는 분으로 생각해서는 안 됩니다. 하나님은 우리가 거창한 일을 할 때만 방문하시는 분이 아닙니다. 하나님은 일상 가운데 우리와 함께하십니다. 하나님의 주권이 미치지 않는 영역은 없습니다. 하나님은 우리가 가족과 함께하는 식탁에서도, 친구들과 이야기하는 곳에서도, 사랑방 모임을 하는 곳에서도 일하십니다.

> "그날 밤에 왕이 잠이 오지 아니하므로 명령하여 역대 일기를 가져다가 자기 앞에서 읽히더니" 6:1

여기서 "그날 밤"은 에스더가 잔치를 한 번 더 열기로 한 전날 밤을 가리킵니다. 잔치는 축제의 자리입니다. 에스더서에서는 유독 잔치가 여러 차례 펼쳐지고, 그 자리에서 중요한 일이 일어납니다. 이번 에스더의 잔치에서도 하나님이 무엇인가 일하실 것 같습니다. 매우 흥미롭습니다.

잔치 전날 밤, 아하수에로왕이 잠을 이루지 못하고 뒤척이다가 벌떡 일어났습니다. 그러고는 신하를 불러 역대 일기를 가져다가 읽게 했습니다. 왜 하필 왕은 잠이 오지 않는 밤 역대 일기가 궁금했을까요? 신하는 역대 일기를 읽어 내려갔습니다. 그런데 그 일기에 모르드개에 대한 기록이 있었습니다.

> "그 속에 기록하기를 문을 지키던 왕의 두 내시 빅다나와 데레스가 아하수에로왕을 암살하려는 음모를 모르드개가 고발하였다 하였는지라" 6:2

왕의 생명을 구했다는 것은 엄청난 공로였습니다. 이 공로는 곧 잊혔는데, 왕이 잠을 이루지 못하는 밤, 역대 일기를 읽던 중에 이 일이 수면 위로 떠올랐습니다. 왕이 이 일을 다시 기억해 냈습니다. 이것이 우연일까요?

"왕이 이르되 이 일에 대하여 무슨 존귀와 관작을 모르드개에게 베풀었느냐 하니 측근 신하들이 대답하되 아무것도 베풀지 아니하였나이다 하니라" 6:3

이제야 왕은 자신의 생명을 구해 준 은인 모르드개에게 아무 보상을 하지 않았음을 깨달았습니다.

에스더서 6장 1절은 "그날 밤에 왕이 잠이 오지 아니하므로"라고 기록했지만, 이것은 '하나님이 왕을 잠들지 못하게 하셨으므로'라고 고쳐 말할 수 있습니다. 아하수에로왕은 그냥 잠을 이루지 못한 것이 아닙니다. 하나님이 재우지 않으신 것입니다. 하나님이 재우지 않으시면, 왕이라도 잘 수 없습니다.

시편 121편 4절은 "이스라엘을 지키시는 이는 졸지도 아니하시고 주무시지도 아니하시리로다"라고 하고, 127편 2절은 "여호와께서 그의 사랑하시는 자에게는 잠을 주시는도다"라고 하며, 139편 2절은 "주께서 내가 앉고 일어섬을 아시고 멀리서도 나의 생각을 밝히 아시오며"라고 기록합니다. 또 121편 7절은 "여호와께서 너를 지켜 모든 환난을 면하게 하시며 또 네 영혼을 지키시리로다"라고 기록합니다. 하나님은 우리가 앉고 일어서는 것을 살피십니다. 하나님은 사람이 자는 것에도 관여하십니다. 사람은 잠들어도 하나님은 주무시지 않고 졸지도 않으십니다. 하나님은 책임을 지고 하나님의 백성을 지키십니다.

그날 밤, 아하수에로왕이 그냥 잠들었다면, 심각한 문제가 발생했을 것입니다. 아마도 하만이 계획한 대로 일이 진행되었을 것입니다. 아침이 밝아오기 전에 역사가 일어나야 합니다. 하나님은 그 일에 세밀하고 치밀하게 개입하셨습니다. 왕의 역대 일기는 분량이 방대합니다. 하나님은 먼저 왕이 역대 일기를 찾게 하셨고, 신하가 어느 부분을 읽을지까지 관여하셨습니다. 그뿐만이 아닙니다. 신하가 왕의 역대 일기에서 모르드개와 관련된 내용을 읽어도, 왕이 듣지 않았다면 아무 소용없습니다. 신하가 역대 일기를 읽을 때, 왕이 깨어 있어야 합니다. 하나님은 아하수에로왕이 졸지 않게 하셨습니다.

하나님의 역사는 경이롭습니다. 하나님이 우리의 머리털까지 세신다는 말씀이 깊이 와 닿습니다. 이 모든 것이 우연인 것 같지만 결코 우연이 아닙니다. 하나님의 열심이 없으면 일어날 수 없는 일입니다. 하나님이 허락하시지 않으면 왕은 잠조차 잘 수 없습니다. 하나님은 우리의 호흡까지 관찰하십니다. 사람은 빈틈이 있습니다. 일을 완벽하게 하는 사람도 때로는 실수합니다. 그러나 하나님은 실수하시지 않습니다. 우리는 그런 하나님을 신뢰해야 합니다.

하나님의 때,
최상의 시점

아하수에로왕은 모르드개에게 은덕을 입었음에도 그에게 아무런 보상을 하지 않은 것이 미안했습니다. 타이밍이 기막힙니다. 가장 적절한 때입니다. 만약 그 일이 있고 곧바로 모르드개가 보상을 받았다면 승진 정도였을 것입니다. 그런데 왕이 잊었다가 다시 기억하는 바람에 모르드개는 그와 비교할 수 없는 보상을 받습니다. 모르드개는 하만이 세운 장대에 매달려 죽을 위기를 모면합니다.

그러니 이것이 얼마나 잘된 일입니까? 사건의 흐름이 한 순간 한 순간 참 절묘합니다. 지금 아하수에로왕은 에스더에게 마음이 활짝 열렸습니다. 그리고 그 마음이 모르드개에게 기울었습니다. 우연처럼 보이는 것들이 하나하나 꼭 들어맞고 있습니다. 시점이 중요합니다. 우리는 그 일이 일어나야 할 최상의 시점이 언제인지 모릅니다. 하나님만 그것을 아십니다. 로마서 8장 28절에 보면 "우리가 알거니와 하나님을 사랑하는 자 곧 그의 뜻대로 부르심을 입은 자들에게는 모든 것이 합력하여 선을 이루느니라"는 고백이 있습니다. 지금 에스더와 모르드개에게 꼭 맞는 말씀입니다. 내 생각대로 되지 않아도 하나님의 시계는 정확하게 움직입니다.

그러니 일상에서 일어나는 일을 우연이라 치부하지 않기 바랍니다. 무심하게 지나치지 마세요. 일상이 중요합니다. 일상 가운데 일어나는 일 속에서 하나님의 손길을 놓치지 마세요. 때로는 의외의 일이 일어납니다. 내가 가려고 하는 방향이 완전히 바뀌기도 합니다. 우연처럼 보여도 그 속에는 하나님의 개입이 있습니다. 모든 것이 하나님의 시간에 맞추어 일어납니다. 하나님은 우리가 전혀 생각하지 못한 방법으로 삶에 개입하십니다.

하나님은 사람을, 그리고 사람의 마음을 움직이십니다. 나라도 움직이십니다. 하나님은 무엇이든 움직이실 수 있습니다.

"어찌하여 이방 나라들이 분노하며 민족들이 헛된 일을 꾸미는가 세상의 군왕들이 나서며 관원들이 서로 꾀하여 여호와와 그의 기름 부음 받은 자를 대적하며 우리가 그들의 맨 것을 끊고 그의 결박을 벗어 버리자 하는도다 하늘에 계신 이가 웃으심이여 주께서 그들을 비웃으시리로다" 시 2:1-4

하만은 모르드개와 유다인들을 죽이려고 달려들었습니다. 아무도 그의 권세를 막을 수 없을 것 같았습니다. 그러나 하나님이 제동을 거

이기는 성도

셨습니다.

인간의 눈으로만 보면 세상 왕좌가 매우 화려해 보입니다. 그에 비해 하나님의 왕좌는 보이지 않습니다. 믿음의 눈이 없으면 악인이 날뛰는 것만 보입니다. 하나님을 보지 못합니다. 그래서 사람들은 힘있는 사람이 모든 것을 좌지우지한다고 착각합니다. 어려움이 생기면 낙심합니다. 쉽게 결론을 내립니다. 그러나 하나님은 무대 뒤에서 모든 것을 지휘하십니다. 세상의 권력자들을 흔드십니다. 악한 자들의 도모를 한순간에 무산시키십니다. 하나님이 역사의 무대 뒤에 계십니다.

모든 일상에서 발견하는
하나님의 손길

에스더서의 하나님이 지금도 우리 일상에 개입하고 계심을 믿습니까? 우리의 삶을 복기해 봅시다. 하나님의 손길이 미치지 않은 때가 없습니다. 하나님의 백성의 시간은 그냥 흐르지 않습니다. 하나님은 우리의 일거수일투족을 살피십니다. 모든 것을 믿음의 눈으로 바라보아야 합니다. 어느 때는 답을 찾지 못하기도 합니다. 왜 이런 일이 내게 일어났을까, 누가 이런 일을 했을까 생각해 보지만 도무지 알 수 없을 때도 있습니다. 그때 우리는 믿음의 눈을 떠야 합니다. 하나님이 행하신 것입니다.

우리 삶에 우연히 발생한 일은 없습니다. 모두 하나님의 역사입니다.

그러므로 일상 속에서 하나님의 손길을 의식하며 살아야 합니다. 아무 일도 일어나지 않는 것 같아도, 하나님이 역사하시면 상상을 초월하는 일이 일어납니다. 전능하신 하나님이 놀라운 일을 행하십니다.

믿음의 눈으로 바라보는 사람은 흥분하지 않습니다. 초조하거나 두려워하지 않습니다. 하만이 흥분하여 날뛰었지만, 모르드개는 매우 차분했습니다. 모르드개는 쉽게 흥분하지 않았습니다. 하만은 유다인을 위협했지만, 모르드개는 두려워하지 않았습니다. 그는 하나님이 모든 것을 하실 수 있는 분임을 믿었습니다. 이것이 우리가 가져야 할 태도입니다.

우리는 초월적인 기적을 바라기도 합니다. 그러나 에스더서에는 기적이 일어난 기록이 없습니다. 성경에 보면 기적이 많이 일어났던 것 같지만, 자세히 보면 특정 시대에만 있었을 뿐입니다. 하나님은 언제든지 기적을 행하실 수 있지만 언제나 기적을 행하시지 않으셨습니다. 하나님은 일상 속에서 역사하십니다. 믿음의 사람은 일상 속에서 하나님의 역사하심을 압니다.

믿음의 사람에게도 어려움은 있습니다. 오히려 믿음으로 살기 때문에 겪지 않아도 될 어려움을 겪기도 합니다. 우리는 우울한 시대를 살고 있습니다. 악은 쉽게 사라지지 않습니다. 그래서 절망하는 사람이 많습니다. 이것이 지상에서의 삶입니다. 이때 사람들은 하나님이 어디 계시느냐고 묻습니다. 그러나 하나님은 어디에나 계십니다. 그리고 세상 끝

이기는 성도

날까지 우리와 함께하십니다. 어려움에 잠식되어 버리면 우리는 하나님을 보지 못합니다. 하나님은 우리 어려움에 관심이 없다고 생각합니다. 그러나 그렇지 않습니다.

우리가 위기를 겪을 때, 끝이라고 생각할 때, 소망이 없다고 생각할 때 하나님은 우리에게 다가오십니다. 우연히 발생한 일인 줄 알았는데, 그 속에는 하나님의 계획과 섭리가 숨어 있습니다. 하나님은 그 일을 통해 우리 삶에 반전이 일어나게 하십니다. "그날 밤" 아하수에로왕이 잠이 오지 않아 역대 일기를 읽은 것으로 놀라운 일이 일어났습니다. 하나님은 이 일 가운데 개입하셔서 사건을 반전시키셨습니다. 그러므로 우리는 에스더서의 마지막 장을 읽을 때까지 긴장하지 않을 수 없습니다.

하나님은 매 사건 속에 개입하셔서 하나님의 백성들을 지키십니다. 하나님은 위기 속에 있는 하나님의 백성을 구해 내십니다. 그리고 하나님의 하나님 되심을 드러내십니다. 하나님은 지금 우리의 삶에서도 그렇게 일하십니다.

10
하나님이 준비하신
반전

에스더 6:4-14

---

4 왕이 이르되 누가 뜰에 있느냐 하매 마침 하만이 자기가 세운 나무에 모르드개 달기를 왕께 구하고자 하여 왕궁 바깥뜰에 이른지라

5 측근 신하들이 아뢰되 하만이 뜰에 섰나이다 하니 왕이 이르되 들어오게 하라 하니

6 하만이 들어오거늘 왕이 묻되 왕이 존귀하게 하기를 원하는 사람에게 어떻게 하여야 하겠느냐 하만이 심중에 이르되 왕이 존귀하게 하기를 원하시는 자는 나 외에 누구리요 하고

7 왕께 아뢰되 왕께서 사람을 존귀하게 하시려면

8 왕께서 입으시는 왕복과 왕께서 타시는 말과 머리에 쓰시는 왕관을 가져다가

9 그 왕복과 말을 왕의 신하 중 가장 존귀한 자의 손에 맡겨서 왕이 존귀하게 하시기를 원하시는 사람에게 옷을 입히고 말을 태워서 성 중 거리로 다니며 그 앞에서 반포하여 이르기를 왕이 존귀하게 하기를 원하시는 사람에게는 이같이 할 것이라 하게 하소서 하니라

10 이에 왕이 하만에게 이르되 너는 네 말대로 속히 왕복과 말을 가져다가 대궐 문에 앉은 유다 사람 모르드개에게 행하되 무릇 네가 말한 것에서 조금도 빠짐이 없이 하라

11 하만이 왕복과 말을 가져다가 모르드개에게 옷을 입히고 말을 태워 성 중 거리로 다니며 그 앞에서 반포하되 왕이 존귀하게 하시기를 원하시는 사람에게는 이같이 할 것이라 하니라

12 모르드개는 다시 대궐 문으로 돌아오고 하만은 번뇌하여 머리를 싸고 급히 집으로 돌아가서

13 자기가 당한 모든 일을 그의 아내 세레스와 모든 친구에게 말하매 그 중 지혜로운 자와 그의 아내 세레스가 이르되 모르드개가 과연 유다 사람의 후손이면 당신이 그 앞에서 굴욕을 당하기 시작하였으니 능히 그를 이기지 못하고 분명히 그 앞에 엎드러지리이다

14 아직 말이 그치지 아니하여서 왕의 내시들이 이르러 하만을 데리고 에스더가 베푼 잔치에 빨리 나아가니라

통쾌한 반전

드디어 아하수에로왕이 모르드개에게 보상하기 위해 사람을 부릅니다. 그런데 예상치 못한 상황이 펼쳐집니다.

"왕이 이르되 누가 뜰에 있느냐 하매 마침 하만이 자기가 세운 나무에
모르드개 달기를 왕께 구하고자 하여 왕궁 바깥뜰에 이른지라" 6:4

마침 하만이 왕궁 바깥뜰에 있었습니다. 하만은 자기가 세운 나무에 모르드개를 달기를 왕께 구하려고 그 자리에 있었습니다.

재미있지 않습니까? 아하수에로왕이 사람을 찾은 이유는 모르드개 때문입니다. 하만이 왕궁 바깥뜰에 있었던 것도 모르드개 때문입니다. 그런데 둘의 생각은 전혀 달랐습니다. 왕은 모르드개에게 보답하려고 했고, 하만은 죽이려고 생각했습니다.

아하수에로왕은 하만을 왕궁 안으로 들어오게 했습니다. 그리고 그에게 "왕이 존귀하게 하기를 원하는 사람에게 어떻게 하여야 하겠느냐"(6:6)라고 질문했습니다. 그러자 하만은 속으로 생각합니다.

"왕이 존귀하게 하기를 원하시는 자는 나 외에 누구리요" 6:6

하만은 자기중심적인 사람이었습니다. 그는 자신이 왕의 총애를 받는다고 생각했습니다. 그래서 자기에게 상을 주려 한다고 생각했습니다. 전형적인 자아도취형입니다.

만약 아하수에로왕이 "존귀하게 하기를 원하는 사람"이라고 표현하지 않고 직접적으로 모르드개를 언급했다면 상황이 어떻게 됐을까요? 하만의 악한 생각이 일을 그르쳤을 수도 있습니다. 그러나 아하수에로왕은 그가 누구인지는 말하지 않은 채 방법만 하만에게 물었습니다. 왕은 자신의 생명을 구한 사람에게 최고의 예우를 하기 원했습니다.

왕의 질문에 하만의 대답이 기가 막힙니다.

"왕께서 사람을 존귀하게 하시려면 왕께서 입으시는 왕복과 왕께서 타시는 말과 머리에 쓰시는 왕관을 가져다가 그 왕복과 말을 왕의 신하 중 가장 존귀한 자의 손에 맡겨서 왕이 존귀하게 하시기를 원하시는 사람에게 옷을 입히고 말을 태워서 성 중 거리로 다니며 그 앞에서 반포하여 이르기를 왕이 존귀하게 하기를 원하시는 사람에게는 이같이 할 것이라 하게 하소서" 6:7-9

하만의 대답에서 그의 내면에 숨겨졌던 욕망을 엿볼 수 있습니다. 그는 2인자로 만족할 수 없었습니다. 왕이 되고 싶었습니다. 돈과 권력을 가지고 있었지만, 그것으로 만족하지 못했던 것입니다. 바사 제국의 왕이 쓰는 왕관이 얼마나 화려했겠습니까. 하만은 그 왕관을 써보고 싶고, 왕의 말을 타보고 싶었습니다. 그는 흥분했습니다.

사람의 욕망은 평소에는 내면에 숨어 있습니다. 그런데 이 욕망이 드러날 때가 있습니다. 이때 문제가 생깁니다. 욕망이 드러나면 삶에 영향을 끼칩니다. 말은 주워 담을 수 없습니다. 그러므로 말을 아껴야 합니다. 사람은 자신이 뱉은 말에 책임져야 합니다. 생각이 말을 통해 드러날 수 있기 때문입니다.

아하수에로왕의 생각과 하만의 생각은 전혀 달랐습니다. 아하수에로왕은 모르드개를 높이려고 했습니다. 그러나 하만은 자신을 높이려고 했습니다. 동상이몽입니다. 아하수에로왕은 하만과 모르드개의 관계를 몰랐습니다. 하만 또한 아하수에로왕이 모르드개를 염두에 두고 있다는 사실을 몰랐습니다. 왕과 하만은 각자 자신의 생각만 말했습니다. 각자 상대방의 생각을 모른 채 일이 진행되었습니다. 여기에서도 우리는 하나님의 개입을 눈치채야 합니다. 하나님이 모든 일을 진행하고 계십니다.

하만은 왕의 대답을 기다렸습니다. '이제야 왕이 나를 알아보는구나'라고 생각했을 것입니다. 그런데 아하수에로왕은 하만에게 이렇게 명령합니다.

"너는 네 말대로 속히 왕복과 말을 가져다가 대궐 문에 앉은 유다 사람 모르드개에게 행하되 무릇 네가 말한 것에서 조금도 빠짐이 없이 하라" 6:10

왕이 존귀하게 하기를 원하는 사람은 하만이 아니었습니다. 왕은 하만이 증오하고 나무에 매달려고 했던 모르드개를 존귀하게 하기를 원했습니다. 이때 하만은 말문이 막혔을 것입니다. 하만의 꿈은 한순간에 깨어졌습니다. 이것을 우연이라고 할 수 있을까요?

하만은 왕의 명령을 거역할 수 없었습니다. 그는 자신이 경멸했던 사람을 높이며 시가행진을 해야 했습니다. 왕이 타는 말에 모르드개를 태워 성 중 거리로 다니며 "왕이 존귀하게 하기를 원하시는 사람에게는 이같이 할 것이라"고 외쳐야 했습니다. 하만은 왕의 명령대로 했습니다. 하만에게는 매우 치욕스러운 일이었습니다. 유다인을 학살하려고 했던 하만의 자존심은 산산조각 났습니다. 하나님이 하만을 철저하게 낮추셨습니다. 이것이 에스더서에서 일어난 통쾌한 반전입니다. 하나님의 계획이 현실이 되는 순간입니다.

반전이 일어난 곳에는 하나님의 손길이 있습니다. 우리의 인생에서도 마찬가지입니다. 하나님이 개입하셔야 반전이 일어날 수 있습니다. 우리는 살아가는 동안 하나님이 우리 삶 속에 개입하시고 역사하시는 경험을 할 수 있습니다.

교만의 최후

잠언 16장 18절은 "교만은 패망의 선봉이요 거만한 마음은 넘어짐의 앞잡이니라"고 하고, 마태복음 23장 12절에서 예수님은 "누구든지 자기를 높이는 자는 낮아지고 누구든지 자기를 낮추는 자는 높아지리라"고 말씀하셨습니다. 교만은 하만에게만 있는 것이 아닙니다. 우리에게도 있습니다. 교만은 쉽게 없어지지 않습니다.

오늘날의 문화가 사람의 허영심을 부추깁니다. 그래서 사람들은 자신을 돋보이게 하려고 애씁니다. 그러나 다른 사람보다 나아 보이려고 하는 교만은 매우 위험합니다. 자신을 드러내고 싶은 마음이 생기면 조심해야 합니다. 교만은 악과 연결되어 있습니다. C. S. 루이스는 "교만은 모든 악을 이끌 뿐 아니라 악의 본질이요 최고의 악이다"라고 말했습니다.

하만은 끝없이 높아지기 원했습니다. 그의 욕망은 멈추지 않았습니다. 그런데 모르드개와 하만의 위치가 바뀌었습니다. 하만은 모르드개를 호위하는 신세가 되었습니다. 모든 것은 자신의 머리에서 비롯되었으니 누구를 원망할 수도 없습니다. 이처럼 악인은 스스로 망합니다.

하나님은 하만의 교만을 완벽하게 꺾으셨습니다. 교만은 자신이 하나님이 되려고 하는 것입니다. 그래서 하나님은 높아지기 원하는 사람을 철저히 무너뜨리십니다. 교만한 사람은 내려갈 일밖에 없습니다. 그러므로 하나님 앞에서 믿음으로 정직하고 순수하게 사는 것만 생각해야 합니다.

하만과 달리 모르드개는 높아지려고 하지 않았습니다. 그는 유다 민족 중에서 리더의 위치에 있었으나, 나서지 않았습니다. 그는 왕복을 입고, 왕의 말을 타고, 왕관을 쓰고, 하만의 호위를 받으며 성 중 거리를 다녔지만 흥분하지 않았습니다. 오히려 부담스러웠을 것입니다. 유다 민족이 죽을 위기에 놓여 있으니 모르드개는 즐기고 싶은 마음이 전혀 없었을 것입니다.

악인이 망할 수밖에
없는 이유

하나님이 기류를 완전히 바꾸셨습니다. 이것이 변수입니다. 하나님이 힘을 쓰시면 사람은 저항할 수 없습니다. 하나님이 바람을 일으키시면 사람은 속수무책입니다.

> "모르드개는 다시 대궐 문으로 돌아오고 하만은 번뇌하여 머리를 싸고 급히 집으로 돌아가서" 6:12

하만은 쥐구멍에라도 들어가고 싶었을 것입니다. 머릿속이 매우 복잡했을 것입니다. 그는 왜 이런 일이 일어났는지 도무지 이해할 수 없었습니다. 하만은 자신이 저항할 수 없는 힘이 있다는 사실을 느꼈을 것입니다.

하만은 높이가 50규빗 되는 나무에 모르드개를 매달 생각이었습니다. 이로써 유다인 학살에 박차를 가할 생각이었습니다. 그런데 상황이 한순간에 달라졌습니다. 하만은 정신을 차리지 못했습니다.

그는 아내와 친구들에게 조언을 구했습니다. 지혜로운 친구와 아내 세레스가 "모르드개가 과연 유다 사람의 후손이면 당신이 그 앞에서 굴욕을 당하기 시작하였으니 능히 그를 이기지 못하고 분명히 그 앞에 엎드러지리이다"(6:13)라고 말했습니다. 하만의 친구들과 아내는 감언이설하지 않았습니다. 하만은 몰랐겠지만, 주변 사람들은 그가 모르드개를 이길 수 없다는 사실을 깨닫고 있었습니다. 그들의 조언은 의미심장합니다. 이 말은 곧 하만은 모르드개가 믿는 하나님을 이기지 못할 것이라는 의미입니다.

하나님은 아무도 부정할 수 없을 만큼 그들 가까이 다가와 계셨습니다. 어느 순간부터 하만이 가진 힘은 효력을 발휘하지 못했습니다. 하만이 힘을 쓸수록 상대방은 더 거세게 저항했습니다. 아내와 친구들은 하만의 패배를 알고 있었습니다. 그러나 하만은 여전히 알아채지 못했습니다. 멸망의 날이 다가오면 악인은 무감각해지고 분별력이 없어집니다. 심판의 날이 다가오지만 전혀 의식하지 못합니다. 그러나 우리는 왜 이런 일이 일어났는지 압니다. 아하수에로왕이 잠을 이루지 못한 날 밤에 역사가 일어났습니다. 상황은 하룻밤 사이에 완전히 반전되었습니다. 이 모든 것은 하나님의 섭리입니다. 이제 모르드개의 인생이 빛나기 시작합니다.

하나님의 섭리를 따라 산다는 것은 무엇일까요? 아무것도 하지 않고 기다리는 것일까요? 그렇지 않습니다. 매일 말씀을 따라 하나님의 주권을 의지하여 사는 것이 하나님의 섭리를 따르는 삶입니다. 그때 하나님은 우리 삶의 방향을 바꾸어 놓으실 것입니다.

교만한 하만의 미래가 불투명해졌습니다.

"아직 말이 그치지 아니하여서 왕의 내시들이 이르러 하만을 데리고 에스더가 베푼 잔치에 빨리 나아가니라" 6:14

이전에 하만은 왕후 에스더가 베푼 잔치에 초대받은 것 때문에 기뻤습니다. 그러나 지금은 그 잔치에 가는 그의 발걸음이 무겁습니다. 그곳에서 무슨 일이 일어날지 알 수 없습니다. 그 자리에서 왕후 에스더는 아하수에로왕에게 소청을 말할 것입니다. 앞으로 하만이 어떻게 될지 귀추가 주목됩니다.

인생이 그렇습니다. 한때 하늘을 찌를 듯한 권력을 가졌던 사람이 하루아침에 주저앉아 버리는 경우가 많습니다. 그러므로 이생에는 자랑할 것이 없습니다. 이사야 40장 6절은 "모든 육체는 풀이요 그의 모든 아름다움은 들의 꽃과 같으니"라고 합니다. 사람의 눈에는 아름답게 보여도 허무한 것이 있습니다. 육신의 정욕, 안목의 정욕, 이생의 자랑은 부질없습니다.

하만은 왜 자신이 갑자기 내리막길을 가는지 알지 못했습니다. 이것이 악인의 모습입니다. 악인은 심판 날 직전까지도 자신이 심판받는 이유를 알지 못합니다. 그러나 우리는 압니다. 하나님은 악을 용납하시지 않습니다. 악인은 스스로 망합니다. 아무리 힘을 동원해도 무의미합니다.

하만은 스스로를 통제할 수 없었습니다. 하만은 악하게 살기로 작정한 사람입니다. 하나님의 백성을 괴롭히기로 작정했습니다. 하나님은 악인들이 하나님의 백성을 위협하는 것을 용납하시지 않습니다. 하나님은 악인을 철저히 제거하십니다.

하나님은 미디안 광야의 목자였던 모세를 통해 애굽의 바로를 굴복하게 하시고, 이스라엘 백성을 출애굽시키셨습니다. 이것은 반전 중의 반전입니다. 바로가 여러 가지 방법으로 이스라엘 백성의 출애굽을 막으려고 했지만 소용없었습니다. 하나님은 하나님의 목적을 반드시 이루십니다. 이것이 하나님의 절대주권입니다.

에스더서에서 우리는 하나님의 주권과 통치가 미치지 않는 곳이 없다는 사실을 발견합니다. 우리는 하나님의 주권을 믿습니다. 하나님이 주권자라는 말은 하나님이 세상을 심판하신다는 의미입니다. 하나님은 주권자이자 심판자이십니다. 그분은 선과 악을 구분하시고, 모든 것을 판정하십니다.

그러므로 세상을 두려워할 필요가 없습니다. 우리는 오직 한 분 하나님만 두려워해야 합니다. 물론 우리도 때로는 실수하고 넘어집니다. 그러나 의도적으로 악을 행하는 것과 다릅니다. 우리가 부족하여 실수할 때가 있지만, 하나님은 당신의 백성을 거절하지 않으십니다. 문제는 오늘날 이 세상에 하만이 득실거린다는 사실입니다.

하나님의 백성은 세상 속 득실거리는 하만 사이에서 위축됩니다. 여러 가지 어려움을 겪습니다. 그럼에도 우리는 두려워할 필요가 없습니다. 하나님이 우리를 대신하여 싸우실 것이기 때문입니다. 하나님은 하나님 백성의 손을 들어주십니다. 그러므로 우리는 하나님께 붙어 있어야 합니다. 하나님께 매달려야 합니다. 하나님의 자비와 긍휼을 구해야 합니다.

하나님은 하나님의 백성을 결코 내버려두지 않으십니다. 우리는 모든 것이 하나님의 주권에 의해 움직이고 있음을 믿어야 합니다. 우리에게 힘과 재주가 있다 한들 얼마나 있겠습니까. 우리는 우리 자신에게 도취되어서는 안 됩니다. 자신의 문제에 빠져서도 안 됩니다. 매 순간 하나님이 얼마나 멋진 분이신가를 확인해야 합니다. 하나님만 따라가야 합

이기는 성도

니다. 그렇게 할 때, 하나님은 우리 삶 가운데 깊이 개입하셔서 하나님의 뜻을 이루실 것입니다. 하나님의 백성을 구원하실 것입니다.

ESTHER

Part 3

이기게 하시는
하나님

11
공동체를 위해
진리로 싸우라

에스더 7:1-6

1 왕이 하만과 함께 또 왕후 에스더의 잔치에 가니라

2 왕이 이 둘째 날 잔치에 술을 마실 때에 다시 에스더에게 물어 이르되 왕후 에스더여 그대의 소청이 무엇이냐 곧 허락하겠노라 그대의 요구가 무엇이냐 곧 나라의 절반이라 할지라도 시행하겠노라

3 왕후 에스더가 대답하여 이르되 왕이여 내가 만일 왕의 목전에서 은혜를 입었으며 왕이 좋게 여기시면 내 소청대로 내 생명을 내게 주시고 내 요구대로 내 민족을 내게 주소서

4 나와 내 민족이 팔려서 죽임과 도륙함과 진멸함을 당하게 되었나이다 만일 우리가 노비로 팔렸더라면 내가 잠잠하였으리이다 그래도 대적이 왕의 손해를 보충하지 못하였으리이다 하니

5 아하수에로왕이 왕후 에스더에게 말하여 이르되 감히 이런 일을 심중에 품은 자가 누구며 그가 어디 있느냐 하니

6 에스더가 이르되 대적과 원수는 이 악한 하만이니이다 하니 하만이 왕과 왕후 앞에서 두려워하거늘

이기는 성도

반전은
하나님이 준비하신다

에스더서에는 선과 악이 명확하게 구분됩니다. 이 세상도 마찬가지입니다. 얼핏 보면 악이 득세하는 듯합니다. 악이 선을 이길 때가 많습니다. 악은 수단과 방법을 가리지 않습니다. 하나님의 백성이 악을 이길 방법은 별로 없습니다. 그래서 세상 속에서 궁지에 몰릴 때가 많습니다. 그러나 살고 죽는 것은 하나님의 손에 달려 있습니다. 그러므로 하나님의 백성은 하나님께 부르짖는 것 외에는 방법이 없습니다.

그리스도인에게 기도는 매우 중요합니다. 세상 사람들은 의지할 것이 많지만, 그리스도인에게는 하나님 한 분 외에 의지할 것이 없습니다. 그렇기 때문에 우리는 간절히 기도합니다. 최악의 상황에서는 "죽으면 죽으리이다"라는 각오로 금식하며 기도합니다. 그때 하나님이 일하십니다. 하나님이 반전을 준비하십니다. 따라서 악은 망할 수밖에 없습니다.

7장에서는 왕후 에스더가 베푼 두 번째 잔치가 열립니다. 이 잔치에서 어떤 일이 벌어지는가를 주목해야 합니다. 하나님은 에스더가 베푼 잔치를 사용하셔서 바쁘게 움직이십니다. 잔치는 에스더가 준비했지만, 반전은 하나님이 준비하십니다.

에스더는 아하수에로왕과 하만을 잔치에 초대했습니다. 이유는 분명합니다. 그들이 유다인을 진멸하는 데 결정적인 역할을 하는 자들이기 때문입니다. 이미 아하수에로왕은 왕후 에스더에게 원하는 것이 무엇이냐고, 나라의 절반이라도 주겠노라고 두 번이나 물었습니다. 그러나 에스더는 바로 대답하지 않고 미루었습니다. 아하수에로왕은 애가 탔습니다. 이제 에스더가 자신이 원하는 것을 아하수에로왕에게 말할 때가 되었습니다. 왕은 왕후 에스더에게 다시 한번 같은 질문을 합니다.

"왕이 이 둘째 날 잔치에 술을 마실 때에 다시 에스더에게 물어 이르되 왕후 에스더여 그대의 소청이 무엇이냐 곧 허락하겠노라 그대의 요구가 무엇이냐 곧 나라의 절반이라 할지라도 시행하겠노라" 7:2

밤새 왕의 마음이 달라졌다면 상황이 달라질 수 있습니다. 그런데 그의 마음은 변하지 않았습니다. 그의 마음은 여전히 에스더를 향해 활짝 열려 있었습니다. 아하수에로왕이 보기에 왕후 에스더는 여전히 아름다웠습니다. 그러나 왕은 유다인을 진멸하라는 조서를 내린 사람입니다. 그러므로 긴장하지 않을 수 없습니다.

마침내 에스더가 입을 열었습니다.

"왕이여 내가 만일 왕의 목전에서 은혜를 입었으며 왕이 좋게 여기시면 내 소청대로 내 생명을 내게 주시고 내 요구대로 내 민족을 내게 주소서

나와 내 민족이 팔려서 죽임과 도륙함과 진멸함을 당하게 되었나이다
만일 우리가 노비로 팔렸더라면 내가 잠잠하였으리이다 그래도 대적이
왕의 손해를 보충하지 못하였으리이다" 7:3-4

에스더는 담대했습니다. 에둘러 말하지 않았습니다. 뒤로 물러설 수
없었습니다. "죽으면 죽으리이다"의 각오로 정면 돌파했습니다.

에스더는 두 가지를 말했습니다. 자신의 생명을 지켜 달라는 것과 자
신의 민족을 구해 달라는 것이었습니다. 이때 에스더는 자신이 유다인임
을 밝혔습니다. 이것이 득이 될지, 실이 될지는 알 수 없습니다.

우리도 마찬가지입니다. 세상 속에서 우리의 정체성을 밝히는 것이, 그
리스도인임을 드러내는 것이 이익이 될지, 손해가 될지 알 수 없습니다.
그러나 우리가 그리스도인이라는 정체성을 숨길 수 없는 때가 있습니다.

에스더가 아하수에로왕에게 한 말을 잘 보면, 그녀는 자신과 유다인
을 따로 생각하지 않았음을 알 수 있습니다. 유다 민족과 운명공동체로
생각했습니다. 그녀는 차라리 유다인이 노비로 팔렸다면 그냥 잠잠히
있었을 것이라고 말했습니다. 이것이 무슨 의미입니까? 백번 양보해서
노예로 팔려가는 정도라면 받아들이겠다는 의미입니다. 나라가 전쟁 노
예들을 끌어와 자국을 위해 사용할 수 있다는 의미입니다. 지금까지 유
다 민족의 운명이 그러했습니다. 에스더서에서 등장하는 유다인들은 바

벨론에 포로로 끌려와 바사 제국에 살고 있었습니다. 그들은 자유인이지만 나그네였습니다. 에스더는 이것까지는 얼마든지 받아들일 수 있다는 의미로 말했습니다.

그러나 에스더는 바사 제국에서 유다인의 생명까지 앗아갈 자유가 없다는 사실을 말하고자 했습니다. 사람이 가진 가장 기본적인 권리에 대해 말했습니다. 꽤 설득력 있는 말입니다. 생명은 절대가치입니다. 개인의 생명과 자유를 지키는 것이 사람에게 주어진 기본권입니다. 인간의 생명을 앗아갈 권한을 가진 사람은 이 세상에 한 사람도 없습니다. 그러므로 지금 바사 제국에 내려진 조서는 이해할 수 없는 것입니다. 에스더는 자신의 생각을 아하수에로왕에게 논리정연하게 전했습니다.

세상을 움직이는
공공선

에스더서는 아하수에로왕이 6개월간 잔치를 베푼 것으로 시작합니다. 잔치는 화려함의 극치를 보여 주었습니다. 그런데 왕이 잔치를 베푸는 동안, 억압받는 백성은 감추어져 있었습니다. 왕의 명령을 따르지 않았다는 이유로 왕후 와스디를 폐위하는 것에서 바사 제국의 문화가 매우 폭력적임을 알 수 있습니다. 잔치를 통해 대단한 권력을 드러내었지만, 공의는 보이지 않았습니다.

그런 바사 제국에서 악의 화신 하만이 등장했습니다. 하만은 유다인을 공공의 적으로 몰고 갔습니다. 바사 제국에서 유다인을 몰아내야 나라가 평안할 것이라고 주장했습니다. 하만은 유다 민족을 학살하는 법을 아무렇지도 않게 통과시켰습니다. 아하수에로왕은 권력을 가지고 있었지만, 매우 허약한 왕이었습니다. 바벨론을 집어삼킨 바사 제국은 매우 넓었습니다. 그러나 그 안에서 공의는 이미 무너져 버렸습니다.

그동안 바사 제국에는 공의가 있었습니다. 외국인 포용정책이 펼쳐졌습니다. 그래서 포로에서 풀려난 유다인들이 고국으로 돌아가지 않고 이곳에 남아 살아갈 수 있었습니다. 그런데 하만이 등장함으로 상황이 깨지고 말았습니다. 유다인들을 진멸하라는 조서는 그동안의 바사 제국 정책과 맞지 않습니다. 그런데 하만은 유다인 말살 정책을 현실로 만듭니다. 그는 사탄을 닮았습니다. 사탄은 살인자입니다. 하만은 불의를 상징합니다. 사람을 쉽게 죽이는 문화는 하만의 문화입니다. 하만은 자신에게 주어진 기회를 권력을 유지하는 수단으로 생각했습니다. 그에게는 이웃이라는 개념이 없습니다.

하만처럼 자신의 권력에 탐닉하고, 자신의 이익만 생각하는 사람은 공공선을 깨뜨립니다. 공공선이 깨지면 '샬롬'이 깨집니다. 그러므로 하만은 '샬롬'을 깨는 사람이었습니다.

오늘날도 악인에 의해 공의가 무너지고 있습니다. 개인의 자유를 억압하고 생명을 침해하는 일이 끊임없이 일어나고 있습니다. 1990년대 초, 유고슬라비아 사회주의 연방공화국이 해체되는 과정에서 보스니아 내전이 일어났습니다. 보스니아 내에 사는 세르비아계가 무슬림과 크로아티아계에 대해 인종 청소를 자행했습니다. 그 외에도 코소보 사태, 캄보디아의 킬링필드(killing fields), 인도네시아의 동티모르 학살, 수단 내전, 르완다 내전, 미얀마에서의 로힝야족 학살 등 비슷한 일들이 일어났습니다. 이를 통해 우리는 악한 자에게 힘이 주어지면, 어떤 일이 일어나는가를 알 수 있습니다.

바사 제국에서 살아가는 유다인들은 약자 공동체였습니다. 그들은 정착민이 아니요 나그네였습니다. 그들은 유다인인 것이 드러나면, 불이익을 당할 수밖에 없었습니다. 그래서 모르드개는 왕후가 된 에스더에게 종족과 민족을 말하지 말라고 했습니다. 바사 제국은 소수 민족 공동체를 품지 못했습니다. 하나님 없는 세상에서는 공의가 쉽게 무너집니다. 그런 세상에서 사는 사람들은 오직 이해득실만 생각합니다. 그 속에서 공공선은 사라지고 없습니다.

애굽도 마찬가지였습니다. 애굽은 풍요로운 나라였습니다. 그러나 그곳에 사는 히브리 민족은 착취당했습니다. 애굽의 군주인 바로는 히브리인들을 억압했습니다. 사람을 인격체로 보지 않고 소유물로 생각했습니다. 바로는 히브리인의 인구가 많아지자 아들이 태어나면 죽이라고 했습니다.

예수님이 탄생하셨을 때에도 같은 일이 벌어졌습니다. 헤롯은 자신의 권력이 위태하다고 생각하고, 2세 미만의 남자아이를 다 죽이라고 했습니다. 이것은 권력의 잔인함과 인간의 죄성에서 비롯된 것이라 할 수 있습니다. 참으로 무서운 세상입니다.

우리는 공공선을 더욱 심각하게, 중요하게 생각해야 합니다. 하나님은 공공선을 통해 세상을 움직이십니다. 나만 살려 한다고 해서 살 수 있는 것이 아닙니다. 나만 잘살 수 있는 방법은 없습니다. 공공선이 살아 있는 나라가 복된 나라요, '샬롬 공동체'입니다.

'샬롬'은 성경의 핵심 원리입니다. 구원이 곧 '샬롬'입니다. 하나님과 사람, 사람과 사람, 사람과 피조물과의 관계가 회복될 때, 우리는 '샬롬'을 경험할 수 있습니다. 즉 먼저는 하나님, 다음으로는 이웃과 평화를 누리는 것이 '샬롬'입니다.

요셉은 애굽의 총리가 되었습니다. 애굽 땅에 일곱 해 동안 풍년이 들었을 때, 요셉은 앞으로 다가올 흉년에 대비했습니다. 그리고 애굽 땅에 흉년이 들었을 때, 요셉은 각국 백성에게 곡식을 나누어 주었습니다. 애굽의 풍성함을 이웃 나라와 나누었습니다. 이것이 공공선입니다. 교회는 공공선을 위해 존재해야 합니다. 교회는 사회에 관심을 가지고, 사회에 기여해야 합니다. 오늘날 교회가 공공선을 실천할 때 건강한 공동체,

하나님이 기뻐하시는 공동체가 될 것입니다. 그러므로 교회가 공공선을 실천하는 것은 선택사항이 아니요 필수입니다.

신앙의 핵심은 하나님 사랑, 이웃 사랑입니다. 하나님은 고아, 과부, 이민자, 빈민자와 같은 사람들에게 관심을 쏟으십니다. 그들은 성경에서 말하는 연약한 백성입니다. 도움을 받지 않으면 살아갈 수 없는 사람들입니다. 우리는 그들을 배려해야 합니다.

현재 우리나라에는 외국에서 들어온 이주민이 많습니다. 외국인 노동자, 다문화 가정에 관심을 가져야 합니다. 우리와 상관없는 사람들이라 생각해서는 안 됩니다. 하나님은 이런 사람들과의 관계를 중요하게 생각하십니다. 그들을 돌보아야 '샬롬'을 경험할 수 있기 때문입니다. 하나님 나라는 함께 '샬롬'을 이루는 공동체입니다.

강자가 득세하는 세상에서는 약자가 설 곳이 없습니다. 그러나 하나님은 약자를 돌보십니다. 억울한 사람이 없게 하십니다. 하나님은 정의의 하나님이십니다. 정의를 알려면 하나님의 마음을 알아야 합니다. 세상에서는 정의가 희미합니다. 하나님이 말씀하시는 정의는 긍휼에 근거합니다.

아모스 8장 4절은 "가난한 자를 삼키며 땅의 힘없는 자를 망하게 하려는 자들아 이 말을 들으라"고 합니다. 또 5장 22절은 "너희가 내게 번제나 소제를 드릴지라도 내가 받지 아니할 것이요 너희의 살진 희생의 화목제도 내가 돌아보지 아니하리라"고 하고, 24절은 "오직 정의를 물같이,

공의를 마르지 않는 강같이 흐르게 할지어다"라고 합니다.

내가 살기 위해 남을 죽여서는 안 됩니다. 풍요를 누리기 위해 사람을 억압하고 착취하면 공의가 깨집니다. 돈 버는 데에만 몰두하면 오히려 공의가 무너집니다. 자신의 목표, 자신의 행복에만 몰두하면 하만처럼 될 수 있습니다. 하나님의 백성은 세상에 공의를 세우는 일에 헌신해야 합니다. 경건은 개인의 영성으로 끝나지 않습니다. 세상 속에 공의를 세워 가는 것과도 연결됩니다.

하만은 자신에게 집착하고 몰두했습니다. 그는 다른 사람의 고통을 생각하지 않았습니다. 양심의 가책도 느끼지 않았습니다. 자기 만족, 자기 행복만을 추구했습니다. 이것이 하만의 문제였습니다. 하만은 공동체나 공공선을 생각하지 않았습니다. 나에게만 몰두하면 자신도 모르게 공공선을 깨뜨립니다. 이웃을 희생시킵니다. 폭력적으로 변합니다. 악의 적은 악입니다. 악은 악에 의해 무너집니다. 악인은 자신의 목을 스스로 조릅니다. 하만은 불 속으로 스스로 걸어 들어갔습니다.

모르드개와 에스더는 유다인의 문제를 외면하지 않았습니다. 에스더는 유다인들을 구하는 일에 헌신했습니다. 에스더는 자신의 안락함을 추구하지 않았습니다. "죽으면 죽으리이다"라는 각오로 유다 공동체를 위해 헌신했습니다. 공의를 부르짖고 불의와 싸웠습니다. 모르드개 역시 그런 에스더에게 "너는 왕궁에 있으니 모든 유다인 중에 홀로 목숨을 건지리라 생각하지 말라 이때에 네가 만일 잠잠하여 말이 없으면 유다인은 다른 데로 말미암아 놓임과 구원을 얻으려니와 너와 네 아버지 집은 멸망하리라 네가 왕후의 자리를 얻은 것이 이때를 위함이 아닌지 누가 알겠느냐"(4:13-14)라고 말했습니다.

자신에게 집착하면 하만이 되고, 공동체에 집중하면 에스더가 됩니다.

지혜와 용기, 하나님의 역사

에스더가 자신이 유다인임을 계속 숨겼다면 적어도 본인만은 유다인 살육극을 피할 수 있었을 것입니다. 그러나 부끄러움이 남았을 것입니다. 신자가 신자답게 살려면 비겁하지 않아야 합니다. 안전을 추구한다고 안전한 것은 아닙니다. 세상에서 자신을 드러내야 할 때 자신을 드러내지 않으면 나중에 혹독한 대가를 치를 수 있습니다. 그러므로 신자는 어려움을 각오하고 정면 돌파해야 합니다.

4절에서 에스더는 유다 민족이 그들의 의사와 상관없이 술책에 의해 팔렸다고 말했습니다. 끔찍하게 진멸하게 되었다고 말했습니다. 에스더는 이 일에 가해자가 있다고 밝혔습니다. 이러한 에스더의 진술은 아하수에로왕의 마음을 자극했습니다. 에스더의 말은 하만을 겨냥하고 있습니다. 에스더는 모든 유다인을 죽이고 도륙하고 진멸하라는 조서에 자신과 모르드개가 포함된다는 것을 아하수에로왕에게 말했습니다.

이번에도 에스더는 아하수에로왕에게 예의를 갖추고 정중하게 말했습니다.

> "왕이여 내가 만일 왕의 목전에서 은혜를 입었으며 왕이 좋게 여기시면" 7:3

그리고 에스더는 왕의 처분을 기다렸습니다. 이제 모든 것이 왕에게 달렸습니다. 상황은 중요하지 않습니다. 은혜가 중요합니다. 은혜가 임하면 살고, 은혜가 임하지 않으면 죽습니다.

세상에서 하나님의 백성으로서, 믿음의 사람으로서 살아가려면 지혜와 용기가 필요합니다. 에스더는 지혜로웠고, 용기가 있었습니다. 그래서 자기 마음에 있는 것을 아하수에로왕에게 말할 수 있었습니다. 용기만 있으면 안 됩니다. 지혜 없이 용기만 있으면, 무모할 수 있습니다. 물론 하나님이 역사하셔야 합니다. 그러나 하나님은 우리를 도구로 사용하셔서 역사하십니다. 하나님이 우리를 도구로 사용하실 때, 우리는 하나님께 모든 것을 맡겨야 합니다.

아하수에로왕은 에스더에게 "감히 이런 일을 심중에 품은 자가 누구며 그가 어디 있느냐"(7:5)고 묻습니다. 왕이 크게 분노했습니다. 그 악한 인간이 누구인지 알고 싶어 했습니다. 에스더가 말하기만 하면 곧바로 그를 처단할 기세입니다. 에스더가 드디어 그 이름을 말했습니다.

"에스더가 이르되 대적과 원수는 이 악한 하만이니이다 하니 하만이 왕과 왕후 앞에서 두려워하거늘" 7:6

하나님이 에스더를 왕후의 자리로 올리신 이유가 드러났습니다. 하나님은 악한 자를 처단하시기 위해 에스더를 왕후로 만드셨습니다.

마침내 얻게 될
승리

하만의 음모가 백일하에 드러났습니다. 악의 실체는 반드시 드러납니다. 비밀은 없습니다. 악이 드러나는 것이 곧 심판입니다.

6절에 에스더의 감정이 드러났습니다. "대적과 원수는 이 악한 하만"이라고 말했습니다. 그러자 하만은 공포에 휩싸였습니다. 이미 그는 모르드개를 왕의 말에 태워 시가행진을 할 때부터 감정이 바닥으로 추락했습니다. 이제 하만은 바사 제국의 왕후를 죽이려고 한 죗값을 치러야 합니다.

왕과 함께 왕후의 잔치에 초대받았을 때만 해도 하만은 신이 났습니다. 자신이 특권을 누리고 있다고 생각했습니다. 잔치 자리에서 이런 일이 일어나리라고 상상하지 못했을 것입니다. 그는 모르드개를 매달려고 나무를 준비했습니다. 그뿐 아니라 유다인을 모두 처단하려고 했습니다. 그런데 자기가 준비한 나무에 자기가 매달리게 생겼습니다.

상황이 반전되었습니다. 하늘을 찌를 듯한 하만의 권세는 한순간에 사라져 버렸습니다.

지금 우리는 어려운 때를 살고 있습니다. 마치 전쟁을 치르듯 합니다. 이후로도 어려움은 계속될 것입니다. 우리는 살아가면서 어디서든 하만을 만날 수 있습니다. 하만은 만만하지 않습니다. 시시각각 우리를 공격합니다. 그러므로 세상 속에서 신자로 살아가는 것은 위험합니다. 그러나 두려워하지 마세요. 바사 제국의 왕후가 되리라고는 상상도 못한 에스더를 하나님이 세우셨습니다. 하나님은 하나님의 백성을 위해 에스더를 사용하셨습니다. 하나님은 평범한 여인 에스더를 사용하셔서 하만을 무너뜨리시고, 유다 민족을 구원하셨습니다.

하나님의 종이 되기 위해 무엇인가를 갖추어야 하는 것은 아닙니다. 우리가 잘나서 하나님이 우리를 사용하시는 것이 아닙니다. 하나님이 부르실 때 나아가기만 하면 됩니다. 부르심에 순종하면, 하나님이 모든 것을 책임지실 것입니다. 에스더는 자신에게 주어진 책임을 거부하지 않았습니다. 3일간 금식한 후에 "죽으면 죽으리이다"라는 각오로 나아 갔습니다. 에스더가 순종할 때 하나님은 하나님의 백성을 이기게 하셨습니다. 공의를 세우셨습니다. 에스더서는 독자에게 무엇을 말합니까? '하나님이 모든 것을 하신다, 하나님은 하나님의 목적을 반드시 이루신다, 하나님의 주권이 미치지 않는 곳은 없다'입니다.

세상을 보면 힘센 사람이 잘되는 것 같습니다. 그러나 하나님이 일하십니다. 정의의 하나님, 긍휼의 하나님이 우리와 함께하십니다. 우리는 약하지만 하나님은 강하십니다. 하나님은 정의를 행하셔서 우리를 이기게 하십니다. 그러므로 우리는 정의의 편에 서 있기만 하면 됩니다. 하나님의 공의를 사랑해야 합니다.

혹시 하만의 자리에 서 있지는 않습니까? 자신의 문제에만 몰두하고 있지는 않습니까? 자기 만족만을 추구하지는 않습니까? 스스로를 돌아보아야 합니다. 우리는 공공선을 추구하며 진리의 길을 걸어가야 합니다. 그렇게 할 때, 하나님이 우리를 승리하게 하십니다.

하나님의 백성은 세상에 공의를 세우는 일에 헌신해야 합니다. 경건은 개인의 영성으로 끝나지 않습니다. 세상 속에 공의를 세워 가는 것과도 연결됩니다. 자신에게 집착하면 하만이 되고, 공동체에 집중하면 에스더가 됩니다.

12
내일을 알 수 없으니
겸손하라

에스더 7:7-10

7 왕이 노하여 일어나서 잔치 자리를 떠나 왕궁 후원으로 들어가니라 하만이 일어서서 왕후 에 스더에게 생명을 구하니 이는 왕이 자기에게 벌을 내리기로 결심한 줄 앎이더라

8 왕이 후원으로부터 잔치 자리에 돌아오니 하만이 에스더가 앉은 걸상 위에 엎드렸거늘 왕이 이르되 저가 궁중 내 앞에서 왕후를 강간까지 하고자 하는가 하니 이 말이 왕의 입에서 나오매 무리가 하만의 얼굴을 싸더라

9 왕을 모신 내시 중에 하르보나가 왕에게 아뢰되 왕을 위하여 충성된 말로 고발한 모르드개를 달고자 하여 하만이 높이가 오십 규빗 되는 나무를 준비하였는데 이제 그 나무가 하만의 집에 섰나이다 왕이 이르되 하만을 그 나무에 달라 하매

10 모르드개를 매달려고 한 나무에 하만을 다니 왕의 노가 그치니라

이기는 성도

절묘한 타이밍

하만의 활동은 에스더서 7장에서 끝납니다. 모르드개를 달려고 세운 나무에 하만이 매달렸습니다. 7장은 에스더서의 절정이자 사건의 전환점이라 할 수 있습니다. 악의 주범, 악의 화신 하만이 어떻게 끝나는가를 볼 수 있습니다.

> "왕이 노하여 일어나서 잔치 자리를 떠나 왕궁 후원으로 들어가니라 하만이 일어서서 왕후 에스더에게 생명을 구하니 이는 왕이 자기에게 벌을 내리기로 결심한 줄 앎이더라" 7:7

잔치 분위기는 깨져 버렸습니다. 아하수에로왕은 노하여 일어나서 잔치 자리를 떠나 왕궁 후원으로 갔습니다.

지금 상황은 왕이 분노할 만합니다. 하만은 바사 제국의 총리대신이었습니다. 그 자리까지 올려준 사람이 다름 아닌 아하수에로왕이었습니다. 그런데 하만은 자신의 개인적인 증오 때문에 왕을 속였습니다. 유다인을 학살하기 위해 그들이 왕의 법률을 지키지 않는다고 음모를 꾸몄습니다. 왕은 그런 하만을 믿고 반지까지 빼어 주며 "너의 소견에 좋을 대로 행하라"(3:11)고 말했습니다. 물론 아하수에로왕이 반지를 빼어 하만에게 준 것은 잘못입니다. 왕에게도 책임이 있습니다. 그 때문에 모든

Part 3. 이기게 하시는 하나님

유다인을 도륙하여 진멸하고 그 재산을 탈취하라는 조서가 아하수에로 왕의 이름으로 선포되었습니다. 이제 왕도 어찌할 수 없습니다.

왕이 분노하여 잔치 자리를 떠나 왕궁 후원으로 가는 것을 보며 하만은 위협을 느꼈습니다. 하만은 자신이 사형에 처할 것이라 직감했습니다. 살길은 에스더뿐이라고 생각했습니다. 그래서 하만은 왕이 자리를 뜨자 에스더가 앉은 걸상 위에 엎드렸습니다.

기세등등했던 하만은 에스더 앞에 고개를 떨궜습니다. 유다인 모르드개가 자신에게 무릎을 꿇지 않고 절하지 않는다고 노했던 하만이 유다인 에스더 앞에 고개를 떨궜습니다. 모든 유다인을 죽이고 도륙하고 진멸하려고 했던 하만이 유다인 에스더에게 살려 달라고 애원했습니다. 상황이 완전히 달라졌습니다. 하만과 유다인의 위치가 바뀌었습니다. 그러나 이것은 에스더가 용서한다고 해결될 문제가 아닙니다. 하만과 에스더만의 문제가 아니라 유다 민족 전체와의 문제이기 때문입니다.

"왕이 후원으로부터 잔치 자리에 돌아오니 하만이 에스더가 앉은 걸상 위에 엎드렸거늘 왕이 이르되 저가 궁중 내 앞에서 왕후를 강간까지 하고자 하는가 하니 이 말이 왕의 입에서 나오매 무리가 하만의 얼굴을 싸더라" 7:8

잔치 자리로 돌아온 왕이 크게 분노했습니다. 하만이 왕후 에스더에게 부적절한 행위를 한 것처럼 보였기 때문입니다. 충분히 오해할 만한 모습이었습니다.

사실 하만이 왕후 에스더에게 부적절한 행동을 한 것은 사실입니다. 첫째, 에스더는 왕후이기 때문입니다. 아무리 왕의 신하라도 왕후에게 가까이 다가가는 것은 무례한 일입니다. 더구나 왕이 없는 자리에서 신하가 왕후에게 가까이 다가가는 것은 왕을 모독하는 행위였습니다. 둘째, 고대 사회에서 가족이 아닌 다른 남자가 여인에게, 그것도 남편이 있는 여인에게 가까이 가는 것은 금지된 일이었습니다. 그런데 하만이 왕후 에스더에게 간절히 매달리다 보니 자신도 모르게 가까이 다가갔습니다. 하만의 마음이 얼마나 다급했는지 알 수 있습니다.

여하튼 아하수에로왕이 돌아온 타이밍이 참으로 절묘합니다. 모든 것이 하만에게 불리한 상황입니다. 하만은 변명할 여지가 없었습니다. 그 장면을 다른 사람이 봤다면 하만이 나서서 무마할 수도 있습니다. 그런데 하필 아하수에로왕이 현장을 목격했습니다. 이제 하만은 변명할 수도 없고, 피할 수도 없습니다. 하만에게 악재가 거듭해서 일어납니다. 하만은 빠져나갈 곳이 없습니다.

어떻습니까? 에스더서의 각 사건이 오차 없이 절묘한 때에 벌어지는 것 같지 않습니까? 이것은 상황을 지배하는 분이 있음을 의미합니다. 상황을 지배하는 분은 우리 눈에 보이지 않습니다. 여기서 우리는 하나님이 악한 인간을 어떻게 심판하시는가를 알 수 있습니다.

어리석은
하만의 최후

> "왕을 모신 내시 중에 하르보나가 왕에게 아뢰되 왕을 위하여 충성된 말로 고발한 모르드개를 달고자 하여 하만이 높이가 오십 규빗 되는 나무를 준비하였는데 이제 그 나무가 하만의 집에 섰나이다 왕이 이르되 하만을 그 나무에 달라 하매" 7:9

50규빗은 약 20~25미터입니다. 모르드개는 아하수에로왕을 죽음의 위기에서 구한 사람입니다. 왕을 위해 공을 세운 사람입니다. 그런 상황에서 내시 하르보나의 말을 들은 아하수에로왕의 기분이 어땠을까요? 하만은 완벽하게 궁지에 몰렸습니다. 하나님은 모르드개의 팔을 들어주시고 하만의 팔을 꺾으셨습니다. 하만은 왕의 처벌을 피할 수 없게 되었습니다.

내시 하르보나는 왜 하필 이때 하만의 비리를 아하수에로왕에게 말했을까요? 이것 역시 우연으로 볼 수 없습니다. 한 가지 죄목으로는 하만을 처벌할 수 없었습니다. 그런데 이때 하르보나의 보고는 왕이 확증을 갖게 했습니다. 이제 아하수에로왕은 하만을 처벌할 수 있게 되었습니다.

우리 인생은 삶의 흔적이 남습니다. 삶의 흔적은 지워지지 않고 언젠가 드러납니다. 모르드개가 왕을 죽음의 위기에서 구한 것도 사라지지 않고 드러났습니다. 하만의 악행도 사라지지 않고 드러났습니다. 우리의 삶도 마찬가지입니다. 무심코 한 내 행동, 살아온 모습이 드러나는 때가 옵니다. 그런데 그 흔적이 결정적인 순간 빛을 발할 수도 있고, 불행을 가져올 수도 있습니다.

50규빗 되는 나무는 사실 하만이 자기 권세를 천하에 드러내려고 준비한 것입니다. 모르드개를 매닮으로써 자기에게 순종하지 않는 사람에게 본을 보이고자 했습니다. 그런데 지금 아하수에로왕이 분노하여 "하만을 그 나무에 달라"고 말했습니다. 그리고 거기에 하만이 달리자 왕의 노가 그쳤습니다. 자기가 준비한 나무에 자기가 높이 매달렸습니다. 하만은 끝없이 추락했습니다. 사람이 어떻게 이렇게 무너질 수 있습니까?

사람은 어리석은 존재입니다. 한 치 앞을 알 수 없습니다. 이런 경우를 가리켜 "스스로 제 무덤을 판다"라고 합니다. "함정을 파는 자는 그것에 빠질 것이요 돌을 굴리는 자는 도리어 그것에 치이리라"(잠 26:27)고 했습니다. 어떤 경우에도 악한 생각을 해서는 안 됩니다. 악한 생각에 자신이 묶일 수 있습니다. 자승자박이 되지 않도록 조심해야 합니다.

하만이 그랬습니다. 그는 높아지기 원했기에 물불을 가리지 않고 노력해 결국은 꿈을 이루었습니다. 그는 가장 높은 권력을 얻었습니다. 하만 위에는 아하수에로왕밖에 없었습니다. 때로는 왕의 마음을 움직이기도 했습니다. 그런데 지금 하만은 높은 나무에 매달려 비극적인 최후를 맞았습니다. 모르드개를 미워하고 괴롭히고 핍박하다가 결국 자기가 판 함정에 자기가 빠졌습니다.

하만은 성공에 도취되어 있었습니다. 뭐든 마음먹은 대로 되리라고 생각했습니다. 그러나 그것은 하만의 착각이었습니다. 사람의 계획이 철저히 무산될 때가 얼마나 많습니까? 그러므로 한 번 성공했다고 거기에 도취되어서는 안 됩니다. 자신이 마음먹은 대로 되리라 생각해서는 안 됩니다. 그것은 착각입니다.

"여호와는 죽이기도 하시고 살리기도 하시며 스올에 내리게도 하시고 거기에서 올리기도 하시는도다 여호와는 가난하게도 하시고 부하게도 하시며 낮추기도 하시고 높이기도 하시는도다 가난한 자를 진토에서 일으키시며 빈궁한 자를 거름더미에서 올리사 귀족들과 함께 앉게 하시며 영광의 자리를 차지하게 하시는도다 땅의 기둥들은 여호와의 것이라 여호와께서 세계를 그것들 위에 세우셨도다" 삼상 2:6-8

사람은 사람을 높이거나 낮출 수 없습니다. 사람을 높이고 낮추시는 분은 하나님이십니다. 모든 것은 하나님의 주권에, 그분의 손에 달려 있습니다.

낮아지려는
지혜

에스더서는 우리에게 권력의 무상함을 보여 줍니다. 누가 우리의 인생을 보장할 수 있습니까? 우리의 인생을 누가 장담합니까? 누구도 장담할 수 없습니다.

> "귀인들을 의지하지 말며 도울 힘이 없는 인생도 의지하지 말지니 그의 호흡이 끊어지면 흙으로 돌아가서 그날에 그의 생각이 소멸하리로다 야곱의 하나님을 자기의 도움으로 삼으며 여호와 자기 하나님에게 자기의 소망을 두는 자는 복이 있도다" 시 146:3-5

세상에는 하만과 같은 사람이 있습니다. 예수님은 제자들에게 "갈지어다 내가 너희를 보냄이 어린 양을 이리 가운데로 보냄과 같도다"(눅 10:3)라고 말씀하셨습니다. 하만은 양들을 향해 달려드는 이리와 같습니다. 이런 세상에 사는 양은 매우 위험합니다.

그런데 세상에 하만과 같은 사람이 우글거려서 우리는 하나님께 기도

합니다. 만약 하만이 없었다면 에스더가 "죽으면 죽으리이다"라는 각오로 금식하며 기도했겠습니까? 유다인들이 금식했겠습니까? 평안한 때에는 "죽으면 죽으리이다"라는 각오로 기도할 수 없습니다. 금식하며 간절히 기도할 용기가 없습니다. 자신이 마음먹은 대로 되지 않을 때 신앙이 깊어집니다. 신앙이 깊어지면 하나님 앞에서 태도가 달라집니다. 겸손은 이론을 통해 배우는 것이 아닙니다. 힘이 빠져야 합니다.

그러므로 세상에 하만이 우글거린다고 두려워하지 마십시오. 우리는 더욱 기도해야 합니다. 늘 깨어 있어야 합니다. 하나님이 하만의 권세를 꺾으십니다. 하나님이 원수를 멸하십니다. 하만은 희한한 방법으로 무너집니다.

여기서 우리는 무엇을 의지하며 살지를 분명히 결정해야 합니다.

"여호와는 내 편이시라 내가 두려워하지 아니하리니 사람이 내게 어찌할까 여호와께서 내 편이 되사 나를 돕는 자들 중에 계시니 그러므로 나를 미워하는 자들에게 보응하시는 것을 내가 보리로다 여호와께 피하는 것이 사람을 신뢰하는 것보다 나으며 여호와께 피하는 것이 고관들을 신뢰하는 것보다 낫도다" 시 118:6-9

어려움이 생겼을 때에는 머리를 많이 쓰지 않는 것이 좋습니다. 오히려 단순해져야 합니다. 오직 한 가지, 하나님과 내 관계만 생각해야 합니다. 이 관계가 바르면 문제 될 것이 전혀 없습니다. 내가 하나님 편에 서 있다고 자신 있게 말할 수 있는가를 생각해야 합니다. 만약 그렇다면 하나님이 어려움을 해결해 주십니다.

세상 사람들은 힘을 최고라고 생각하여 힘 있는 사람을 의지하려고 합니다. 그들과의 친분을 과시합니다. 그러나 세상 권력은 제아무리 화려해 보여도 오래가지 못합니다. 하만이 바닥으로 추락한 것을 보십시오. 이처럼 권력은 유한하고 유동적입니다. 권력은 믿을 만한 것이 아닙니다.

사람의 마음은 어떻습니까? 하루 만에 사랑이 미움과 증오가 됩니다. 오늘은 사랑한다고 말하지만 내일은 어떨지 알 수 없습니다. 내일의 나는 오늘의 내가 아닙니다. 내일의 내 마음을 알 수 없습니다. 한때 사울왕은 다윗을 매우 좋아했습니다. 그런데 다윗이 골리앗을 죽인 후, 여인들이 "사울이 죽인 자는 천천이요 다윗은 만만이로다"(삼상 18:7) 하고 노래하는 것을 듣고 다윗을 미워하기 시작했습니다. 다윗은 사울왕의 사위였습니다. 그런데 사울왕은 다윗을 두려워하여 그를 죽이려고 했습니다. 그뿐입니까? 다윗의 아들 압살롬은 아버지의 왕좌를 노렸습니다. 권력을 두고 왕실에서 치열한 전쟁이 일어났습니다.

힘을 가진 사람은 그 힘을 포기하지 않습니다. 스스로 물러나는 권력자는 찾아보기 힘듭니다. 권력자뿐만이 아닙니다. 우리도 그렇습니다.

진 에드워드(Gene Edwards)의 《세 왕 이야기》(A tale of three kings)에 보면, 사울, 다윗, 압살롬이 한 사람 안에 들어 있다고 합니다. 우리는 아무것도 아닌 사람 취급받는 것을 싫어합니다. 사람들은 힘을 많이 가진 것을 매력이라고 생각합니다. 자신이 가진 힘이 유효한가를 확인하려고 합니다. 그러나 삼손은 자신이 가진 힘을 여러 차례 확인하다가 무너졌습니다.

높은 곳에 오르면, 많은 사람이 바라봅니다. 우러러보는 사람이 많다는 것은 그 자리를 노리는 사람도 많다는 뜻입니다. 또 많이 노출된 사람은 대중에게 표적이 됩니다. 그럼에도 사람들은 높아지려고 합니다. 그래서 사탄은 높이 오르라고 사람을 부추깁니다. 예수님을 시험할 때에도 사탄은 그분을 거룩한 성으로 데려가 꼭대기에 세우고 "네가 만일 하나님의 아들이어든 뛰어내리라"(마 4:6)고 말했습니다. 사람들로부터 박수와 환호를 받으라고 부추겼습니다.

우리는 높아지려고 해서는 안 됩니다. 높아지려고 하는 것은 유혹입니다. 우리는 오히려 낮아져야 합니다. 언제나 섬겨야 합니다. 모르드개도 에스더에게 "네가 왕후의 자리를 얻은 것이 이때를 위함이 아닌지 누가 알겠느냐"(4:14)라고 말했습니다. 이것은 에스더가 유다인을 위기에서 구하기 위해, 유다인을 섬기기 위해 왕후가 되었다는 의미입니다.

세상 사람들은 직업을 통해 출세하고 성공하기 원하지만, 우리는 직업을 통해 사람들을 섬겨야 합니다. 우리가 무슨 일을 하든 그것은 섬기기 위해 우리에게 주어진 것입니다. 섬기려면 마음이 낮아져야 합니다. 높은 마음으로는 섬길 수 없습니다. 이것은 성경의 원리입니다. 스스로 낮아지려고 하는 사람이 지혜롭습니다. 스스로 낮아지려 할 때 우리는 안전합니다.

> "또 함께 일으키사 그리스도 예수 안에서 함께 하늘에 앉히시니 이는 그리스도 예수 안에서 우리에게 자비하심으로써 그 은혜의 지극히 풍성함을 오는 여러 세대에 나타내려 하심이라 너희는 그 은혜에 의하여 믿음으로 말미암아 구원을 받았으니 이것은 너희에게서 난 것이 아니요 하나님의 선물이라" 엡 2:6-8

예수님은 철저히 낮아지셨습니다. 예수님이 걸어가신 길과 반대되는 길을 걸어가면 안 됩니다. 높은 곳에는 길이 없습니다.

이사야서 14장 12절은 "너 아침의 아들 계명성이여 어찌 그리 하늘에서 떨어졌으며 너 열국을 엎은 자여 어찌 그리 땅에 찍혔는고"라고 합니다. 하나님은 높은 곳에 있는 자를 낮추시고, 낮은 곳에 있는 자를 높이십니다. 하나님은 사탄을 하늘에서 떨어지게 하시고, 예수님의 이름을 모든 이름 위에 뛰어나게 하셨습니다. 하나님은 위치를 재배치하십니다. 하만은 몰락했고 생명을 잃었습니다. 그는 모든 것을 잃었습니다.

끝나지 않은
전쟁

"모르드개를 매달려고 한 나무에 하만을 다니 왕의 노가 그치니라" 7:10

하만을 나무에 매달자 아하수에로왕이 진정되었습니다. 상황이 종료되었습니다. 2장에서는 모르드개가 아하수에로왕의 목숨을 구했고, 7장에서는 아하수에로왕이 모르드개의 생명을 구했습니다.

그러나 전쟁은 아직 끝나지 않았습니다. 하만은 죽었지만, 유다인을 죽이려고 하는 조서는 없어지지 않았습니다. 에스더와 모르드개는 죽음을 면했지만, 유다인은 여전히 위험합니다. 하나의 문제가 해결되었다고 모든 문제가 해결된 것은 아닙니다. 이것은 우리가 세상에서 사는 동안 경험하는 일입니다.

악한 사람이 죽는다고 악이 사라지는 것은 아닙니다. 악인은 죽어도 악은 사라지지 않습니다. 악의 결합, 악의 연대는 계속됩니다. 악한 사람이 만들어 놓은 문화는 쉽게 없어지지 않습니다. 지금 힘들게 하는 사람 때문에 자리를 옮겨도 문제가 해결되지 않습니다. 새로 옮긴 곳에 더 악한 사람이 기다리고 있습니다. 삶에 놓인 바윗돌을 치우고 나니 큰 산이 버티고 있습니다.

이기는 성도

이때 우리에게 필요한 것은 믿음입니다. 산보다 크신 하나님이 어떻게 일하시는가를 믿음의 눈으로 보아야 합니다. 산과 같은 문제를 보는 것이 아니라 하나님이 누구신가를 보아야 합니다. 하나님이 하나님의 백성을 어떻게 구원하시는가를 보아야 합니다. 이것은 우리 평생의 과제입니다.

작은 일처럼 보여도 그 안에 하나님의 역사가 숨어 있습니다. 하나님 없이 일어난 것은 하나도 없습니다. 그러므로 우리는 하나님을 신뢰하고 의지해야 합니다. 눈에 보이는 화려하고 대단한 것은 허상입니다. 오직 하나님 한 분만이 실상입니다. 그러므로 오직 하나님만 의지하고 따라가기 바랍니다. 높아지려 하기보다 높으신 하나님만 찬양하기 바랍니다.

13
신자는
반전 인생을 산다

에스더 8:1-17

1 그날 아하수에로왕이 유다인의 대적 하만의 집을 왕후 에스더에게 주니라 에스더가 모르드개는 자기에게 어떻게 관계됨을 왕께 아뢰었으므로 모르드개가 왕 앞에 나오니

2 왕이 하만에게서 거둔 반지를 빼어 모르드개에게 준지라 에스더가 모르드개에게 하만의 집을 관리하게 하니라

3 에스더가 다시 왕 앞에서 말씀하며 왕의 발아래 엎드려 아각 사람 하만이 유다인을 해하려 한 악한 꾀를 제거하기를 울며 구하니

4 왕이 에스더를 향하여 금 규를 내미는지라 에스더가 일어나 왕 앞에 서서

5 이르되 왕이 만일 즐거워하시며 내가 왕의 목전에 은혜를 입었고 또 왕이 이 일을 좋게 여기시며 나를 좋게 보실진대 조서를 내리사 아각 사람 함므다다의 아들 하만이 왕의 각 지방에 있는 유다인을 진멸하려고 꾀하고 쓴 조서를 철회하소서

6 내가 어찌 내 민족이 화 당함을 차마 보며 내 친척의 멸망함을 차마 보리이까 하니

7 아하수에로왕이 왕후 에스더와 유다인 모르드개에게 이르되 하만이 유다인을 살해하려 하므로 나무에 매달렸고 내가 그 집을 에스더에게 주었으니

8 너희는 왕의 명의로 유다인에게 조서를 뜻대로 쓰고 왕의 반지로 인을 칠지어다 왕의 이름을 쓰고 왕의 반지로 인친 조서는 누구든지 철회할 수 없음이니라 하니라

9 그때 시완월 곧 삼월 이십삼일에 왕의 서기관이 소집되고 모르드개가 시키는 대로 조서를 써서 인도로부터 구스까지의 백이십칠 지방 유다인과 대신과 지방관과 관원에게 전할새 각 지방의 문자와 각 민족의 언어와 유다인의 문자와 언어로 쓰되

10 아하수에로왕의 명의로 쓰고 왕의 반지로 인을 치고 그 조서를 역졸들에게 부쳐 전하게 하니 그들은 왕궁에서 길러서 왕의 일에 쓰는 준마를 타는 자들이라

이기는 성도

11 조서에는 왕이 여러 고을에 있는 유다인에게 허락하여 그들이 함께 모여 스스로 생명을 보호하여 각 지방의 백성 중 세력을 가지고 그들을 치려 하는 자들과 그들의 처자를 죽이고 도륙하고 진멸하고 그 재산을 탈취하게 하되

12 아하수에로왕의 각 지방에서 아달월 곧 십이월 십삼일 하루 동안에 하게 하였고

13 이 조서 초본을 각 지방에 전하고 각 민족에게 반포하고 유다인들에게 준비하였다가 그날에 대적에게 원수를 갚게 한지라

14 왕의 어명이 매우 급하매 역졸이 왕의 일에 쓰는 준마를 타고 빨리 나가고 그 조서가 도성 수산에도 반포되니라

15 모르드개가 푸르고 흰 조복을 입고 큰 금관을 쓰고 자색 가는 베 겉옷을 입고 왕 앞에서 나오니 수산 성이 즐거이 부르며 기뻐하고

16 유다인에게는 영광과 즐거움과 기쁨과 존귀함이 있는지라

17 왕의 어명이 이르는 각 지방, 각 읍에서 유다인들이 즐기고 기뻐하여 잔치를 베풀고 그날을 명절로 삼으니 본토 백성이 유다인을 두려워하여 유다인 되는 자가 많더라

역전의 하나님

하만이 죽었습니다. 그러나 아직 그가 주도하여 만들어진 조서는 사라지지 않았습니다. 아하수에로왕이 내린 조서는 그것 자체가 강력한 법입니다. 그러므로 쉽게 바꿀 수 없습니다. 과연 에스더서의 이야기가 앞으로 어떻게 진행될지 궁금해집니다. 반전에 반전이 거듭되는 이야기입니다. 특히 8장에서의 반전은 에스더서에서 최종으로 나타나는 가장 큰 반전입니다.

"그날 아하수에로왕이 유다인의 대적 하만의 집을 왕후 에스더에게 주니라 에스더가 모르드개는 자기에게 어떻게 관계됨을 왕께 아뢰었으므로 모르드개가 왕 앞에 나오니" 8:1

아하수에로왕은 하만의 잔재를 치웠습니다. 하만은 재력가였습니다. 그러므로 그가 남긴 재산이 엄청났습니다. 아하수에로왕은 하만의 재산과 집을 에스더에게 주었습니다. 이것은 에스더를 사랑한다는 의미입니다. 에스더로부터 사랑을 받고 싶은 마음에 내린 결정입니다.

에스더는 모르드개와 자신의 관계를 아하수에로왕에게 말했습니다. 이제 모르드개가 적극적으로 나서야 할 때입니다. 마침내 모르드개가 아하수에로왕 앞에 나갔습니다. 이 말은 모르드개의 지위가 상승했음

이기는 성도

을 의미합니다. 하나님이 우리의 지위를 높여 주실 때가 있습니다. 거기에는 다 이유가 있습니다. 우리에게 주어진 지위와 자리에서 우리가 감당해야 할 것이 있기 때문입니다.

"왕이 하만에게서 거둔 반지를 빼어 모르드개에게 준지라 에스더가 모르드개에게 하만의 집을 관리하게 하니라" 8:2

이 반지는 단순한 장신구가 아닙니다. 원래는 아하수에로왕이 끼다가 하만에게 준 것이었습니다. 이 반지는 권력을 상징합니다. 이제 하만이 앉았던 자리에 모르드개가 앉았습니다. 에스더는 왕에게 받은 하만의 집을 모르드개가 관리하게 했습니다. 이렇게 모르드개의 인생이 역전되었습니다. 이것이 반전입니다. 하나님이 개입하셔서 모르드개의 인생을 역전시키셨습니다.

구원받지 못한
이들을 위한 애통

에스더는 부를, 모르드개는 지위를 얻었습니다. 그러나 에스더와 모르드개는 만족할 수 없었습니다. 동족 유다인들이 생명을 잃을 위기 가운데 있었기 때문입니다.

에스더는 울며 아하수에로왕에게 호소했습니다.

> "에스더가 다시 왕 앞에서 말씀하며 왕의 발아래 엎드려 아각 사람 하만
> 이 유다인을 해하려 한 악한 꾀를 제거하기를 울며 구하니" 8:3

에스더는 자신이 아니라 민족을 위해 울었습니다. 지금은 에스더가
울어야 합니다. 참으로 아름다운 모습입니다. 마태복음 5장 4절에서 예
수님은 "애통하는 자는 복이 있나니 그들이 위로를 받을 것임이요"라고
말씀하셨습니다. 우는 사람은 복이 있습니다. 자신을 위해 우는 것이 아
니라, 이웃과 나라를 위해 우는 사람에게 복이 있습니다.

에스더가 아하수에로왕에게 울며 호소하자, 왕이 에스더를 향해 금
규를 내밀었습니다.

> "왕이 에스더를 향하여 금 규를 내미는지라 에스더가 일어나 왕 앞에
> 서서" 8:4

이것은 에스더의 호소를 받아들이겠다는 의미입니다. 에스더는 마지
막으로 자신의 모든 것을 쏟아부어 왕에게 간절히 호소했습니다.

이기는 성도

"왕이 만일 즐거워하시며 내가 왕의 목전에 은혜를 입었고 또 왕이 이 일을 좋게 여기시며 나를 좋게 보실진대 조서를 내리사 아각 사람 함므다다의 아들 하만이 왕의 각 지방에 있는 유다인을 진멸하려고 꾀하고 쓴 조서를 철회하소서 내가 어찌 내 민족이 화 당함을 차마 보며 내 친척의 멸망함을 차마 보리이까" 8:5-6

하만이 일방적으로 꾸민 조서를 왕이 철회해 주지 않으면 유다인들은 망할 수밖에 없습니다.

하나님이 모든 것을 하십니다. 이것은 분명합니다. 그러면 우리는 가만히 있어도 됩니까? 그렇지 않습니다. 우리는 자기 자리에서 해야 할 일을 해야 합니다. 모든 것은 하나님의 주권 아래에서 일어납니다. 그러므로 형통할 때도 하나님보다 앞서면 안 됩니다. 하나님의 때에 반응하기만 하면 됩니다.

에스더가 수동적이던 때가 있었습니다. 그러나 지금 에스더는 능동적이고 적극적입니다. 하나님이 에스더를 바사 제국의 궁궐 안으로 들어가게 하신 이유가 있습니다. 그러므로 그에 맞게 행동해야 합니다.

골리앗 앞에 선 다윗은 그 앞에서 통성기도하지 않았습니다. 골리앗을 향해 "넘어져라"라고 소리치지 않았습니다. 다윗은 하나님을 믿었지만, 골리앗이 저절로 넘어질 것이라고 생각하지 않았습니다. 다윗은 손에 막대기를 가지고 시내에서 매끄러운 돌 다섯을 골라 목자의 제구 곧 주머니에 넣고 손에 물매를 가지고 골리앗 앞으로 나아갔습니다(삼상 17:40). 다윗은 골리앗을 겁주기 위해 물맷돌을 가지고 나아간 것이 아닙니다. 물맷돌은 다윗이 양을 칠 때 사용하던 핵심 무기입니다. 하나님은 다윗의 물맷돌을 사용하셨습니다. 이처럼 현실 속에서 믿음을 사용할 줄 아는 것이 중요합니다.

하나님은 역사의 무대 뒤에서 일하십니다. 무대 위에는 하나님의 사람을 올려놓으시고 그를 움직이십니다. 지금 누가 무대 위에 있습니까? 에스더와 모르드개가 있습니다. 에스더는 주연이요, 모르드개는 막후 인물입니다. 각자의 역할이 다릅니다. 에스더서에 하나님은 등장하시지 않습니다. 그러나 하나님은 무대 위에 사람을 올려놓고 그를 움직이십니다.

우리가 하나님이 움직이시는 로봇이라는 의미가 아닙니다. 하나님은 우리를 아바타로 만드시지 않았습니다. 하나님은 우리에게 자유를 선물로 주셨습니다. 그러므로 우리가 결정하고 행동해야 합니다. 하나님은 우리를 통해 하나님의 목적을 이루십니다.

본문에서 에스더의 활약이 눈에 띕니다. 에스더가 "죽으면 죽으리이다"라고 각오한 것은 능동적인 태도입니다. 그러나 에스더가 금식한 것은 수동적인 태도입니다. 일해야 하는 때가 있고, 기다려야 하는 때가 있습니다. 하나님께 모든 것을 맡겨야 하는 때가 있고, 모든 것을 책임진

이기는 성도

것처럼 적극적으로 나아가야 하는 때가 있습니다. 에스더는 아하수에로 왕에게 적극적으로 호소했습니다. 자신의 모든 것을 드러냈습니다. 더는 물러설 수 없었습니다. 아하수에로왕의 마음을 움직여 달라고 기도했으면, 이제는 왕에게 자신의 소원을 말해야 합니다. 그래서 에스더는 가만히 있지 않고 적극적으로 왕에게 호소했습니다.

건강한 신앙인은 자기의 울타리를 뛰어넘습니다. 편협하지 않습니다. 에스더는 자신이 잘된 것으로 만족하지 않았습니다. 우리도 마찬가지입니다. 자신이 구원받은 것으로 만족해서는 안 됩니다. 하나님의 구원은 우주적입니다. 하나님이 나를 구원하신 목적이 있습니다. 물론 구원받았음에 감격해야 합니다. 그러나 나의 구원이 귀하다면, 구원받지 못한 사람을 생각하며 아파해야 합니다. 아파할 줄 아는 사람이 전도합니다. 고통하는 사람이 전도합니다. 나를 통해 많은 사람이 구원받아야 합니다.

슬픔과 통곡에서
기쁨과 즐거움으로

그야말로 대반전이 일어났습니다. 하나님이 아하수에로왕의 마음을 돌려놓으셨습니다.

"하만이 유다인을 살해하려 하므로 나무에 매달렸고 내가 그 집을 에스더에게 주었으니 너희는 왕의 명의로 유다인에게 조서를 뜻대로 쓰고 왕의 반지로 인을 칠지어다 왕의 이름을 쓰고 왕의 반지로 인친 조서는 누구든지 철회할 수 없음이니라" 8:7-8

아하수에로왕은 에스더의 소원을 들어주기로 결심했습니다. 이 말을 들은 에스더와 모르드개가 얼마나 감격했겠습니까? 에스더는 그동안 살얼음판 위를 걷는 듯 조마조마했을 것입니다. 그런데 역사가 에스더 쪽으로 기울었습니다. 아하수에로왕은 에스더의 말을 전적으로 수용했습니다. 에스더의 눈에서 눈물이 터질 듯합니다.

아하수에로왕이 어떻게 이런 결단을 내렸을까요? 지금껏 자신이 믿었던 하만은 반역자였습니다. 오히려 자신에게 충성한 사람은 유다인 모르드개였습니다. 사랑하는 왕후 에스더도 유다인이었습니다. 아하수에로왕은 모르드개와 에스더를 신뢰했습니다. 이런 왕의 신뢰는 저절로 생겨난 것이 아닙니다. 하나님이 섬세하게 일하셨습니다.

이제 모르드개의 시대가 시작되었습니다. 아하수에로왕은 모르드개에게 모든 것을 맡겼습니다. 결정권자가 바뀌었습니다. 하만의 조서를 뒤집을 수 있는 권한이 모르드개에게 주어졌습니다. 왕의 반지가 모르드개의 손에 있습니다. 에스더와 모르드개 앞에 장애물이 모두 사라졌습니다. 하나님이 풀지 못하는 문제는 없습니다. 하늘의 어인(御印)이 중요합니

이기는 성도

다. 하나님이 결재하시면 됩니다. 하나님이 푸시면 모든 것이 풀립니다. 이제 모르드개가 주관하여 조서를 씁니다.

> "조서에는 왕이 여러 고을에 있는 유다인에게 허락하여 그들이 함께 모여 스스로 생명을 보호하여 각 지방의 백성 중 세력을 가지고 그들을 치려 하는 자들과 그들의 처자를 죽이고 도륙하고 진멸하고 그 재산을 탈취하게 하되" 8:11

유다인들의 생명을 보호하여 마음껏 모일 수 있도록 허락한다는 내용이었습니다. 유다인들이 법적 보호를 받게 했습니다. 그동안 힘없이 살아가던 유다인들에게 특별한 권리를 부여했습니다.

모르드개는 왕의 서기관을 소집하여 조서를 쓰게 했습니다. 각 지방의 문자와 각 민족의 언어와 유다인의 문자와 언어로 쓰게 했습니다. 모르드개의 지시 아래에 일사불란하게 진행되었습니다. 전국 각 지방에 조서를 빨리 전달해야 했습니다. 바사 제국은 광대했습니다. 오늘날로 말하면 그리스, 레바논, 발칸반도, 시리아, 아프가니스탄, 이라크, 이란, 이스라엘, 파키스탄 지역에 해당하는 광대한 땅입니다. 이렇게 광대한 땅에 조서를 전달하려면 많은 시간이 필요합니다. 정해진 시간 안에 조서를 전달하는 것이 문제입니다. 지체할 틈이 없었습니다.

마침 아하수에로왕의 일에 쓰는 준마가 있었습니다. 왕의 준마를 모두 동원했습니다.

"왕의 어명이 매우 급하매 역졸이 왕의 일에 쓰는 준마를 타고 빨리 나가고 그 조서가 도성 수산에도 반포되니라" 8:14

모든 것이 막혀 있을 때에는 어떠한 노력을 해도 일이 되지 않습니다. 모든 것이 장애물이요, 장벽이 많습니다. 그러나 일이 잘되려면 막힘이 없습니다. 일사천리로 진행됩니다. 모르드개가 임무를 마치고 아하수에로왕 앞에서 나왔습니다. 그런데 모르드개의 옷이 달라졌습니다.

"모르드개가 푸르고 흰 조복을 입고 큰 금관을 쓰고 자색 가는 베 겉옷을 입고 왕 앞에서 나오니 수산 성이 즐거이 부르며 기뻐하고" 8:15

얼마 전까지만 해도 모르드개는 굵은 베옷을 입고, 재를 뒤집어썼습니다. 그러나 지금은 큰 금관을 쓰고, 자색 가는 베 겉옷을 입고 있습니다. 신분이 달라졌습니다.

유다인들의 영광도 회복되었습니다. 위기에서 벗어나 이제 승리의 노래를 부릅니다. 분위기가 완전히 달라졌습니다. 슬픔과 통곡이 끝나고,

이기는 성도

즐거움과 기쁨이 넘칩니다. 존귀함이 회복되었습니다.

"유다인에게는 영광과 즐거움과 기쁨과 존귀함이 있는지라" 8:16

유다인을 멸절하라는 왕의 조서가 내려졌을 때만 해도 유다 백성은 통곡했습니다. 에스더는 아하수에로왕 앞에서 울었습니다. 그러나 이제 영광과 즐거움과 기쁨과 존귀함이 있습니다. 왕의 어명이 이르는 각 지방, 각 읍에서 유다인들이 즐기고 기뻐하여 잔치를 베풀고 그날을 명절로 삼았습니다.

문제가 해결된 후에 기뻐하는 것은 바람직합니다. 그러나 기쁨의 근원을 기억해야 합니다. 에스더서 8장은 유다인들이 기뻐하는 것으로 끝납니다. 그러나 무엇 때문에 기뻐하는가를 생각해야 합니다. 유다인에게 반전을 허락하신 분이 누구신가, 유다인에게 기쁨을 주신 분이 누구신가를 기억해야 합니다.

사람은 승리했을 때 승리의 기쁨에 도취합니다. 그러나 우리는 승리하게 하신 분을 기억해야 합니다. 하나님이 승리하게 하셨습니다. 하나님이 더 이상 울지 않게 하셨습니다. 우리 인생의 반전은 하나님의 작품입니다. 유다 민족이 모든 난관을 돌파하도록 하신 하나님이 우리와 함께하십니다. 우리는 예수 이름의 능력으로 말미암아 사망 권세를 돌파할 수 있습니다.

끝에서 반전하시는
하나님

유다인의 지위가 향상되자 바사 제국 사람들이 유다인을 두려워했습니다. 유다인에게 막강한 힘이 주어졌습니다. 세상이 달라졌습니다. 놀라운 일이 일어났습니다. 유다인이 특권층이 되었습니다. 아무도 유다인을 함부로 대하지 못하게 되었습니다. 바사 사람들은 유다인들을 혐오하지 않고 오히려 두려워했습니다.

"왕의 어명이 이르는 각 지방, 각 읍에서 유다인들이 즐기고 기뻐하여 잔치를 베풀고 그날을 명절로 삼으니 본토 백성이 유다인을 두려워하여 유다인 되는 자가 많더라" 8:17

오랜 세월 이국에서 숨죽이며 살아온 유다인들을 생각해 보십시오. 그들은 유다인이라는 이유로 많은 불이익을 당했습니다. 하나님은 낮은 자를 높여 주십니다. 이것이 반전입니다. 하나님은 언제든지, 어떤 상황이든지 뒤집으실 수 있는 반전의 하나님이십니다.

우리의 인생이 그러합니다. 우리가 하나님을 알지 못했을 때에는 저주 아래 죽음의 위협 속에 살았습니다. 그러나 하나님의 백성은 망할 것 같아도 망하지 않습니다.

> "무명한 자 같으나 유명한 자요 죽은 자 같으나 보라 우리가 살아 있고 징계를 받는 자 같으나 죽임을 당하지 아니하고 근심하는 자 같으나 항상 기뻐하고 가난한 자 같으나 많은 사람을 부요하게 하고 아무 것도 없는 자 같으나 모든 것을 가진 자로다" 고후 6:9-10

하나님의 백성은 약해 보여도 강합니다. 우리가 생각하기에 모든 것이 끝난 것 같아도, 하나님께는 끝이 아닙니다. 하나님은 또 다른 이야기를 쓰십니다. 왜 그렇습니까? 하나님이 모든 것을 쥐고 있기 때문입니다.

에스더서의 특징은 반전이 반복되는 것입니다. 반전은 하나님의 섭리를 따라 나타납니다. 우리가 예수님을 믿는 것이 반전입니다. 우리는 소망 없이 사망의 그늘에서 살았습니다. 그러나 예수님이 사탄의 권세를 꺾어 주셨습니다. 그러므로 더 이상 사탄을 두려워하지 않아도 됩니다. 우리는 그리스도 안에서 자유인이 되었습니다. 예수님의 권세가 선포되는 곳마다 자유가 주어집니다.

예수님을 믿는 것 때문에 핍박을 받습니까? 예수님을 믿기에 불이익을 당합니까? 마음은 힘들어도 그럴 때 우리의 신앙이 깨어 있습니다.

핍박을 받을 때 우리는 순수한 신앙을 유지할 수 있습니다. 예수님을 믿기에 시련을 겪고, 한 치 앞도 안 보이는 위기를 겪을 때는 "죽으면 죽으리이다"의 각오로 기도하게 됩니다. 기도하지 않으면 죽습니다. 그러니 어려움 속에서는 늘 긴장하게 됩니다.

믿음을 지키기 어려운 직장에서 일하면, 매일 출근할 때마다 "주여, 오늘 하루 살려 주시옵소서"라고 기도해야 합니다. "환난과 핍박 중에도 성도는 신앙 지켰네"라는 찬송가 가사가 가슴에 와닿습니다. 십자가를 묵상할 때 눈물이 흐릅니다. 가족 중에 예수님을 믿지 않고 교회 가는 것을 핍박하는 사람이 있으면, 매일의 삶이 전쟁과 같습니다. 교회 갈 때마다 전쟁을 치러야 합니다. 그런 상황에서는 기도해야만 합니다. 하나님의 자비와 긍휼을 간절히 구해야만 합니다.

봄날은 좋습니다. 그런데 봄날에는 나른해지기 쉽습니다. 신앙생활을 하기 좋은 환경에서는 깨어 있기 어렵습니다. 이것이 사람의 연약함입니다. 편안한 때에는 자신도 모르게 나태해지기 쉽습니다. 이것이 무섭습니다. 주변에 모두 예수님을 믿는 사람뿐이고, 신앙생활하는 데 어려움이 전혀 없을 때가 위험합니다. 시련의 때보다 형통한 때에 신앙생활을 하기 더 어렵습니다. 이때 우리는 기도해야 합니다.

예수님은 "나를 위하여 울지 말고 너희와 너희 자녀를 위하여 울라"(눅 23:28)고 말씀하셨습니다. 예수님은 예루살렘을 향해 기도하셨습니다.

이기는 성도

우리는 나라와 민족을 위해 기도해야 합니다. 금식하며 민족의 문제를 끌어안고 기도해야 합니다.

에스더서 8장에서 모든 문제가 해결되었습니다. 그동안 유다인들은 긴장 속에 살았습니다. 수많은 고비를 넘겼습니다. 그런데 이제 유다인들이 죽음의 위기에서 구원받았습니다. 슬픔이 변하여 기쁨이 되었습니다.

우리는 구원의 하나님을 붙들어야 합니다. 죽음에서 건져 내시는 하나님을 찬양해야 합니다. 바사 제국 뒤에서 눈에 보이지 않게 역사하시는 하나님을 발견할 때, 우리는 감탄하지 않을 수 없습니다. 악한 자가 아무리 강하다 해도, 하나님 앞에서는 어림없습니다. 하나님의 구원은 실패하지 않습니다. 하나님은 우리가 상상하지 못하는 방법으로 하나님의 백성을 악에서 건져 내십니다. 하나님의 백성을 구원하십니다.

신앙생활하다가 어려움을 겪을 때가 있습니다. 어려움이 계속되면 포기하고 싶어집니다. 그러나 포기해서는 안 됩니다. 하나님이 우리를 포기하지 않으십니다. 하나님은 독특한 방법으로 우리를 구하고 승리로 이끄실 것입니다.

삶 속에서 하나님의 반전을 많이 경험했습니까? 끝날 것 같은 순간에 우리를 찾아오신 하나님을 경험했습니까? 앞으로도 하나님이 행하실 일을 기대하십시오. 기이하고 놀라운 방식으로 우리를 승리하게 하실 반전의 하나님을 찬양하기 바랍니다.

14
승리의 기쁨을
나누는 공동체

에스더 9:18-32

18 수산에 사는 유다인들은 십삼일과 십사일에 모였고 십오일에 쉬며 이날에 잔치를 베풀어 즐 긴지라

19 그러므로 시골의 유다인 곧 성이 없는 고을고을에 사는 자들이 아달월 십사일을 명절로 삼아 잔치를 베풀고 즐기며 서로 예물을 주더라

20 모르드개가 이 일을 기록하고 아하수에로왕의 각 지방에 있는 모든 유다인에게 원근을 막론 하고 글을 보내어 이르기를

21 한 규례를 세워 해마다 아달월 십사일과 십오일을 지키라

22 이 달 이날에 유다인들이 대적에게서 벗어나서 평안함을 얻어 슬픔이 변하여 기쁨이 되고 애 통이 변하여 길한 날이 되었으니 이 두 날을 지켜 잔치를 베풀고 즐기며 서로 예물을 주며 가 난한 자를 구제하라 하매

23 유다인이 자기들이 이미 시작한 대로 또한 모르드개가 보낸 글대로 계속하여 행하였으니

24 곧 아각 사람 함므다다의 아들 모든 유다인의 대적 하만이 유다인을 진멸하기를 꾀하고 부르 곧 제비를 뽑아 그들을 죽이고 멸하려 하였으나

25 에스더가 왕 앞에 나아감으로 말미암아 왕이 조서를 내려 하만이 유다인을 해하려던 악한 꾀 를 그의 머리에 돌려보내어 하만과 그의 여러 아들을 나무에 달게 하였으므로

26 무리가 부르의 이름을 따라 이 두 날을 부림이라 하고 유다인이 이 글의 모든 말과 이 일에 보 고 당한 것으로 말미암아

27 뜻을 정하고 자기들과 자손과 자기들과 화합한 자들이 해마다 그 기록하고 정해 놓은 때 이 두 날을 이어서 지켜 폐하지 아니하기로 작정하고

28 각 지방, 각 읍, 각 집에서 대대로 이 두 날을 기념하여 지키되 이 부림일을 유다인 중에서 폐하

지 않게 하고 그들의 후손들이 계속해서 기념하게 하였더라

29 아비하일의 딸 왕후 에스더와 유다인 모르드개가 전권으로 글을 쓰고 부림에 대한 이 둘째 편지를 굳게 지키게 하되

30 화평하고 진실한 말로 편지를 써서 아하수에로의 나라 백이십칠 지방에 있는 유다 모든 사람에게 보내어

31 정한 기간에 이 부림일을 지키게 하였으니 이는 유다인 모르드개와 왕후 에스더가 명령한 바와 유다인이 금식하며 부르짖은 것으로 말미암아 자기와 자기 자손을 위하여 정한 바가 있음 이더라

32 에스더의 명령이 이 부림에 대한 일을 견고하게 하였고 그 일이 책에 기록되었더라

악은 철저히
진멸해야 한다

하나님은 모르드개를 높이셨습니다. 그를 바사 제국의 2인자가 되게 하셨습니다.

"모르드개가 왕궁에서 존귀하여 점점 창대하매 이 사람 모르드개의 명성이 각 지방에 퍼지더라" 9:4

모르드개는 유다인을 대적하는 사람들을 대대적으로 처단했습니다. 그중에는 하만의 열 아들도 있었습니다.

"에스더가 이르되 왕이 만일 좋게 여기시면 수산에 사는 유다인들이 내일도 오늘 조서대로 행하게 하시고 하만의 열 아들의 시체를 나무에 매달게 하소서 하니" 9:13

하만의 열 아들은 아버지와 같은 모습으로 나무에 매달려 죽었습니다. 이로써 하만의 흔적이 모두 사라졌습니다.

"아달월 십사일에도 수산에 있는 유다인이 모여 또 삼백 명을 수산에서

이기는 성도

도륙하되 그들의 재산에는 손을 대지 아니하였고 왕의 각 지방에 있는 다른 유다인들이 모여 스스로 생명을 보호하여 대적들에게서 벗어나며 자기들을 미워하는 자 칠만 오천 명을 도륙하되 그들의 재산에는 손을 대지 아니하였더라" 9:15-16

하만의 열 아들에 이어 유다인을 죽이려 했던 사람들도 모두 죽었습니다. 그런데 이렇게까지 해야 했을까요?

바사 제국에 약 50만 명의 유다인이 살고 있었다고 추정합니다. 만약 하만의 뜻대로 되었다면, 바사 제국은 피로 물들었을 것입니다. 엄청난 비극이 일어날 뻔했습니다. 악의 세력은 철저히 진멸하지 않으면 계속해서 일어나 공격합니다. 그러면 하나님의 사람이 죽을 수 있습니다. 그래서 에스더서에서 하나님은 악을 철저하게 진멸하셨습니다. 유다인을 대적하는 사람들을 끝까지 심판하셨습니다. 이를 통해 우리는 악은 제거될 수밖에 없고, 하나님의 백성이 반드시 승리한다는 것을 알 수 있습니다.

오늘날도 마찬가지입니다. 하나님의 백성을 미워하고 대적하는 세력은 우리 주변에 늘 있습니다. 영적 전쟁은 언제든지 일어납니다. 사탄은 가까운 곳에서 늘 우리를 넘어뜨리려 합니다. 그러므로 우리는 깨어 있어야 합니다. 영적 전쟁에서 승리해야 합니다. 깨어 있으면 승리할 수 있습니다.

악은 언제나 기세등등하여 흥하는 듯합니다. 악이 대단해 보입니다. 그러나 하나님은 악을 미워하십니다. 그러므로 적을 두려워하지 마세요. 원수를 두려워하지 마세요. 하나님은 우리를 승리하게 하실 것입니다. 적이 많을수록 하나님이 우리를 더 크게 승리하게 하실 것을 기대하기 바랍니다.

언뜻 보면 십자가는 실패한 것처럼 보입니다. 십자가에 못 박혀 죽으신 예수 그리스도는 실패한 것처럼 보입니다. 그럼에도 우리가 십자가를 묵상하는 이유가 무엇입니까? 십자가는 하나님의 능력이요, 하나님의 지혜입니다. 하나님은 십자가를 통해 우리를 구원하셨습니다. 십자가는 승리를 상징합니다. 그러므로 우리는 십자가를 바라보아야 하고, 십자가에서 승리하신 예수님을 의지하고 살아야 합니다.

교회는 승리의 기쁨을
나누는 공동체

에스더서는 잔치로 시작해서 잔치로 끝납니다. 1장에서는 아하수에로왕이 잔치를 베풀었고, 9장에서는 유다인들이 잔치를 베풀었습니다.

"수산에 사는 유다인들은 십삼일과 십사일에 모였고 십오일에 쉬며 이날에 잔치를 베풀어 즐긴지라 그러므로 시골의 유다인 곧 성이 없는 고

을고을에 사는 자들이 아달월 십사일을 명절로 삼아 잔치를 베풀고 즐기며 서로 예물을 주더라" 9:18-19

같은 잔치 같지만, 이 두 잔치는 근본적인 차이가 있습니다. 1장에서 아하수에로왕은 자신의 권력을 자랑하기 위해 잔치를 베풀었습니다. 그러다가 왕후 와스디가 폐위되었습니다. 게다가 이 잔치에는 왕의 초대를 받은 특권층 사람만 참석할 수 있었습니다.

그러나 유다인들이 베푼 잔치는 달랐습니다. 그들은 자기들끼리 즐기려고 잔치를 베푼 것이 아닙니다.

"이달 이날에 유다인들이 대적에게서 벗어나서 평안함을 얻어 슬픔이 변하여 기쁨이 되고 애통이 변하여 길한 날이 되었으니 이 두 날을 지켜 잔치를 베풀고 즐기며 서로 예물을 주며 가난한 자를 구제하라 하매" 9:22

유다인들은 공동체를 중요하게 생각했습니다. 그들은 잔치를 통해 가난한 자들을 구제했습니다. 서로 예물을 주고 기쁨을 나누고 연약한 이웃을 돌보았습니다. 유다인들은 승리의 기쁨에 도취되지 않았습니다. 그들은 하나님의 긍휼로 승리했음을 알았습니다. 그렇다면 누군가에게 긍휼을 베푸는 것이 마땅합니다.

에스더서는 에스더와 모르드개가 구원받은 것, 그들의 성공담을 이야기하지 않습니다. 에스더서는 유다 공동체, 하나님의 백성이 구원받은 사건을 이야기합니다. 하나님은 공동체에 관심을 가지십니다. 하나님은 국가나 사회적 개념의 공동체가 아니라, 언약의 공동체를 중요하게 생각하십니다. 언약의 공동체는 하나님이 택하시고 구원하시기로 작정하신 공동체입니다.

유다인 공동체가 모두 옳다는 것이 아닙니다. 유다인들에게서도 연약한 모습을 볼 수 있습니다. 바사 제국에 사는 유다인들 역시 신앙적으로 문제가 있었습니다. 그러나 그들은 언약 공동체입니다. 그들에게는 하나님의 언약이 있습니다. 그래서 악이 유다인들을 이길 수 없습니다. 죽음의 위기에서 살아난 유다인들은 기뻐하고 즐거워했습니다. 잔치를 베풀고 즐겼습니다.

신약의 교회 역시 공동체 중심입니다. 그리고 교회는 언약의 공동체입니다. 구원받은 공동체는 함께 기뻐합니다. 초대 교회는 모일 때마다 서로 교제하고 떡을 떼었습니다. 기쁨과 순전한 마음으로 음식을 먹었습니다. 희락의 공동체였습니다. 구원의 공동체에는 축제가 있습니다. 죽었다가 살아난 사람은 기뻐합니다. 죄에서 자유를 얻은 기쁨을 표현합니다. 그러므로 기독교는 어둡거나 우울하지 않습니다. 오히려 밝습니다.

세상은 어둡습니다. 우울합니다. 애잔합니다. 사람들은 웃고 떠들지만, 동시에 절망합니다. 불안해합니다. 허무를 느낍니다. 그러나 복음은 큰 기쁨의 좋은 소식입니다.

누가복음 15장에서 예수님은 세 가지 비유를 통해 말씀하십니다. 잃은 양을 찾은 목자의 비유, 잃은 드라크마를 찾은 여인의 비유, 잃은 아들을 되찾은 아버지의 비유입니다. 그들은 잃었던 것을 되찾은 후에 이웃과 기쁨을 나누고 즐거워했습니다. 이렇게 예수님이 계신 곳은 기쁨이 넘치고 잔치집이 될 수밖에 없습니다. 가나의 혼인잔치에서 예수님은 물이 포도주되게 하심으로 기쁨을 복원하셨습니다(요 2장). 이것이 신약 시대 교회의 모습이 되어야 합니다.

구원은 위대한 반전입니다. 예수님은 우리 인생을 반전시키십니다. 위대한 반전을 경험한 사람에게는 기쁨이 넘칩니다. 유다인들은 전멸할 수밖에 없는 상황에서 반전을 경험했습니다. 그 후 그들은 잔치를 베풀었습니다. 유다 공동체는 기쁨이 넘쳤습니다. 마찬가지로 십자가와 부활의 복된 소식을 들은 사람은 다른 것에 기쁨을 빼앗기지 않습니다. 그러므로 교회는 잔칫집과 같습니다. 승리를 노래하는 공동체입니다. 예수님이 우리에게 영원한 승리를 주셨으므로 우리는 그 안에서 풍성함을 누려야 합니다.

절기의
진짜 의미

유다인들이 죽음의 위기에서 벗어났습니다. 그러므로 유다인들은 이 날을 잊어서는 안 됩니다.

"모르드개가 이 일을 기록하고 아하수에로왕의 각 지방에 있는 모든 유다인에게 원근을 막론하고 글을 보내어 이르기를 한 규례를 세워 해마다 아달월 십사일과 십오일을 지키라" 9:20-21

모르드개는 유다인에게 이 일을 기록하라고 했습니다. 역사는 잊지 않기 위해 기록해야 합니다. 모르드개는 절기를 만들었습니다. 그날을 대대로 기억하게 했습니다.

"각 지방, 각 읍, 각 집에서 대대로 이 두 날을 기념하여 지키되 이 부림 일을 유다인 중에서 폐하지 않게 하고 그들의 후손들이 계속해서 기념하게 하였더라" 9:28

유다인들이 죽음에서 벗어난 날을 기념하기 위해 '부림일'을 제정했습니다. '부림'은 '제비뽑기'를 의미하는 히브리어 '부르'의 복수형입니다.

이기는 성도

하만이 유다인들을 멸절하는 날을 정할 때 자신이 믿는 신에게 물으며 부르를 던졌기 때문에, 그날을 기억하기 위해 이렇게 이름 지었습니다.

부림일은 유다인들이 하만에 의해 죽을 뻔한 날입니다. 유다 민족 전체가 3일 동안 눈물을 흘리며 금식했습니다. 유다 민족은 눈물 골짜기를 지났습니다. 에스더는 "죽으면 죽으리이다"라는 각오로 왕 앞으로 나아갔습니다. 그래서 유다인들은 죽음의 위기에서 벗어날 수 있었습니다. 그러므로 유다인들은 그날을 잊을 수 없었습니다. 하나님이 은혜를 베푸셔서 유다인들은 대적의 손에서 벗어났습니다. 그들에게 평안이 주어졌습니다. 슬픔이 변하여 기쁨이 되었습니다. 애통이 변하여 길한 날이 되었습니다. 대반전의 날입니다.

죽음의 위기에서 벗어난 사람, 악인이 판 함정에서 살아난 사람이 경험하는 기쁨은 다릅니다. 그러므로 부림일에는 인상을 쓰고 있으면 안 됩니다. 부림일에는 울거나 슬픈 기색을 띄어서는 안 됩니다. 부림일에는 기뻐해야 합니다. 이것이 구원 받은 사람의 자연스러운 반응입니다.

"정한 기간에 이 부림일을 지키게 하였으니 이는 유다인 모르드개와 왕후 에스더가 명령한 바와 유다인이 금식하며 부르짖은 것으로 말미암아 자기와 자기 자손을 위하여 정한 바가 있음이더라" 9:31

유다 민족에게 부림일은 매우 중요한 날입니다. 이날은 최고의 절기입니다. 결혼하는 날과도 비교할 수 없을 만큼 즐거운 날이요 기쁜 날입니다. 그러므로 부림일에는 하나님의 은혜에 반응해야 합니다. 기뻐해야 합니다. 감사해야 합니다. 이날이 되면 유다인들은 기쁨을 감추지 않습니다.

이스라엘에는 유월절, 맥추절, 장막절 같은 중요한 절기가 있습니다. 절기는 그들 역사에 영향을 끼친 날로, 아주 중요합니다. 절기를 통해 역사를 배울 수도 있습니다. 이스라엘에서는 요즘도 장막절이 되면 사막에 텐트를 치고 광야 생활을 떠올린다고 합니다. 이렇게 절기를 지킴으로써 소망 없이 살던 백성을 구하신 하나님의 은혜를 감사하고 찬양한다고 합니다.

사람은 쉽게 잊습니다. 특히 하나님의 은혜를 잘 잊습니다. 이것이 사람의 한계입니다. 그래서 절기가 필요합니다. 절기는 역사를 기억하는 것입니다. 절기를 통해 하나님의 은혜를 계속 기억할 수 있습니다. 그런데 절기가 반복되면 역사를 기억하려는 마음이 점점 없어집니다. 시간이 흐름에 따라 절기에 대해 무덤덤해지고 무감각해집니다. 본래의 정신이 희미해집니다. 무엇이든 시간이 지나면 왜곡됩니다. 결국 절기의 참 의미를 기억하기보다 하나의 문화처럼 그날을 지킵니다. 그러나 절기를 지키는 것이 문화가 되어서는 안 됩니다. 본래의 의미를 되찾아야 합니다. 기억을 복원해야 합니다.

이기는 성도

유럽에서 기독교가 문화가 되자 교회가 문을 닫기 시작했습니다. 유럽에는 문을 닫은 교회가 많습니다. 교회의 역사는 오래되었지만 예배의 진짜 의미를 모른 채 예배드렸기 때문에 이런 일이 일어났습니다. 문화 자체가 나쁜 것이 아닙니다. 형식은 있는데 의미가 사라져 버리는 것이 문제입니다. 마치 껍데기만 있고 알맹이가 없는 것과 같습니다.

절기는 정체성과 연관됩니다. 이스라엘 백성은 절기를 지키며 그들이 하나님의 백성임을 확인했습니다. 우리 역시 절기를 지키며 우리가 하나님의 백성이요, 하나님이 구원하셔서 그분의 은혜로 살아간다는 것을 확인해야 합니다.

우리는 주일마다 모여서 하나님께 예배드립니다. 예배드림으로 우리가 누구인가를 확인할 수 있습니다. 세상과 구별된 사람임을 확인할 수 있습니다. 만일 모이지 않으면 어떻게 됩니까? 정체성이 희미해집니다. 정체성을 분명하게 알지 못하면, 세월의 흐름에 따라 잊을 수밖에 없습니다. 그래서 예배가 중요합니다. 주일이 중요합니다.

우리는 절기를 어떻게 지키고 있습니까? 주일을 중요하게 생각하며 지킵니까? 그러나 주일을 지키는 것보다 중요한 것은 내용입니다. 신앙인이라면 주일을 주일답게 보내는 것이 무엇인가를 고민해야 합니다. 우리는 매주 예수님의 부활을 기뻐하고 기념해야 합니다. 예수님은 우리의 슬픔을 가져가시고 기쁨의 화관을 씌워 주셨습니다. 허물과 죄로 죽을 수밖에 없던 우리를 살리셨습니다. 지옥으로 달려가던 우리를 천국 백성이 되게 하셨습니다. 예수님은 우리에게 풍성한 은혜를 베푸셨습니다. 그러므로 교회는 주일마다 잔칫집이 되어야 합니다. 주일마다 우리는 밝은 노래를 불러야 합니다.

예배를 예배답게 드릴 수 있다면, 우리의 신앙은 놀랍게 회복할 수 있습니다. 예배 때마다 하나님이 베푸신 은혜를 상기할 수 있다면, 우리에게 놀라운 일이 일어날 것입니다. 주일을 지킴으로 하나님이 우리에게 베푸신 은혜를 기억하기 바랍니다.

구원받았지만 그에 대한 기쁨이 없는 사람이 많습니다. 우리는 주일마다 세상에서 경험할 수 없는 기쁨을 경험해야 합니다. 예배를 통해 경험하는 기쁨이 세상에서 경험하는 기쁨보다 못하다면, 우리는 세상의 기쁨을 찾아가게 될 것입니다. 그렇지만 세상에서는 잠시 잠깐 만족을 느낄 뿐 진정한 기쁨을 경험할 수 없습니다. 그런 기쁨은 현실에 문제가 발생하면 금방 사라져 버립니다. 세상에서 경험하는 중압감과 강요에서 벗어나 감사와 찬양으로 하나님 앞에 나아갈 수 있다면, 우리는 세상을 넉넉히 이길 수 있습니다.

하나님은 하나님의 백성에게 놀라운 사랑을 베푸십니다. 사랑을 베푸시는 하나님의 열심에 우리는 놀라지 않을 수 없습니다. 하나님은 우리를 승리하게 하십니다. 그래서 날마다 잔치를 열게 하십니다. 우리를 기뻐하게 하십니다. 세상에는 악이 여전하지만 우리를 악에서 구원하시는 하나님의 손길은 멈추지 않습니다.

살아 계신 주 나의 참된 소망
걱정 근심 전혀 없네
사랑의 주 내 갈 길 인도하니
내 모든 삶의 기쁨 늘 충만하네
- '주 하나님 독생자 예수' 중

우리를 승리하게 하시는 하나님을 기억하고 찬양하기 바랍니다. 우리의 일상 속에 역사하시는, 살아 계신 하나님을 신뢰하고 기뻐하기 바랍니다.

15

이기는 성도로
살라

에스더 10:1-3

1 아하수에로왕이 그의 본토와 바다 섬들로 하여금 조공을 바치게 하였더라

2 왕의 능력 있는 모든 행적과 모르드개를 높여 존귀하게 한 사적이 메대와 바사 왕들의 일기에 기록되지 아니하였느냐

3 유다인 모르드개가 아하수에로왕의 다음이 되고 유다인 중에 크게 존경받고 그의 허다한 형제에게 사랑을 받고 그의 백성의 이익을 도모하며 그의 모든 종족을 안위하였더라

끝나지 않은
싸움

에스더서 1장 1절은 "이 일은 아하수에로왕 때에 있었던 일이니 아하수에로는 인도로부터 구스까지 백이십칠 지방을 다스리는 왕이라"는 기록으로 시작합니다. 아하수에로왕의 부와 권력을 설명하는 내용입니다. 그리고 10장에 오기까지 세월이 많이 흘렀습니다. 바사 제국은 여전히 왕성했습니다.

> "아하수에로왕이 그의 본토와 바다 섬들로 하여금 조공을 바치게 하였더라" 10:1

아하수에로왕은 1장에서처럼 자신의 부와 성공을 과시했습니다.

에스더서 1장과 10장 사이에는 많은 일이 있었습니다. 역사는 소용돌이쳤습니다. 왕후가 바뀌었고, 유다인 전체가 죽을 뻔했지만 바사 제국의 2인자 하만이 나무에 매달려 죽음으로 일단락되었습니다. 유다인들을 죽이려고 했던 사람들도 모두 없어졌습니다. 유다인 모르드개가 2인자의 자리에 올랐습니다. 이 모든 일의 중심에는 아하수에로왕이 있었습니다. 유다인들을 죽이라는 조서를 내린 사람도, 유다인들을 죽이려 했던 악인을 나무에 매단 사람도 아하수에로왕이었습니다. 사실 그는 허약한 왕이었습니다. 자신의 생각이나 정치 철학 없이 나라를 다스렸습니다. 아하수에로왕은 음주와 가무를 좋아하고, 자신의 감정을 스스로 다스리지 못하는 변덕스러운 왕이었습니다. 그는 분위기나 기분에 따라 나라를 이끌었습니다. 그런 왕이 여전히 자기 자리를 지키고 있었습니다.

종말이 다가와도, 세상은 변하지 않습니다. 오히려 화려하고 거대하게 발전합니다. 바벨론 제국도 마찬가지였습니다. 오늘날 강대국들은 자국의 힘을 자랑합니다. 일부는 각종 신무기를 자랑하며 세계를 위협합니다. 무너질 듯 무너지지 않습니다. 이것이 세상의 모습입니다.

우리는 에스더서를 보며 세상 나라는 언제든지 변한다고 배웠습니다. 세상 나라의 왕은 백성이 아니라 자신의 권력을 유지하는 데에만 관심이 있습니다. 권력을 유지하기 위해서라면 언제라도 돌변합니다.

무장하고
깨어 있으라

아하수에로왕은 모르드개를 높여 바사 제국의 2인자가 되게 했습니다. 이것은 유다인들에게 위안이 되었습니다.

"왕의 능력 있는 모든 행적과 모르드개를 높여 존귀하게 한 사적이 메대와 바사 왕들의 일기에 기록되지 아니하였느냐 유다인 모르드개가 아하수에로왕의 다음이 되고 유다인 중에 크게 존경받고 그의 허다한 형제에게 사랑을 받고 그의 백성의 이익을 도모하며 그의 모든 종족을 안위하였더라" 10:2-3

그러나 여전히 이 나라의 모든 권한을 가지고 있는 사람은 아하수에로왕입니다. 그는 언제든지 영향력을 발휘할 수 있습니다. 아하수에로왕이 건재하는 한 모르드개는 바사 제국에서 1인자가 될 수 없습니다. 유다인들은 여전히 변방에서 살아가는 이방인이요 소수자였습니다.

모르드개의 생명은 여전히 아하수에로왕에게 달려 있습니다. 그러므로 모르드개는 긴장하지 않을 수 없었습니다. 하만도 바사 제국에서 2인자였고 무소불위의 권세를 휘둘렀지만, 아하수에로왕에 의해 나무에 매달려 죽었습니다. 2인자라도 권력 1인자가 살아 있는 동안에는 안심할 수 없습니다.

에스더서에서 우리는 하나님이 아하수에로왕의 마음을 움직이시는 것을 보았습니다. 하나님은 아하수에로왕이 앉고 서는 것을 주장하셨습니다. 아하수에로왕은 하나님이 허락하셨기 때문에 건재할 수 있었습니다. 그러므로 우리는 하나님만 바라보아야 합니다. 하나님만이 진정한 왕이 되십니다. 세상의 1인자든 2인자든 그런 것에 현혹되어서는 안 됩니다. 그런 것들을 의지해서는 안 됩니다. 하나님을 의지해야 합니다.

에스더서는 선과 악이 팽팽하게 대립합니다. 그래서 우리는 긴장하며 에스더서를 읽게 됩니다. 에스더서의 이 대립은 오늘날까지도 계속되고 있습니다. 예수님이 다시 오시는 날까지 갈등, 대립, 싸움은 끝나지 않을 것입니다.

우리는 하나님의 백성이지만 세상 속에서 삽니다. 그렇기 때문에 세상의 영향을 받습니다. 삶의 현장으로 들어가 보십시오. 어디를 가든 전쟁이 벌어집니다. 어디서든 파워게임을 합니다. 이 땅은 하나님의 백성들이 살기에 불편하고 위험한 곳입니다. 세상 속에서 신자는 언제든지 위기를 맞이할 수 있습니다. 사탄이 지배하는 나라와 하나님의 나라는 언제나 대립합니다. 제2의 하만은 언제든지 나타날 수 있습니다. 그래서 우리는 세상 속에서 하만과 같은 사람과 부대끼며 살아야 합니다. 하나님의 백성을 위협하는 악의 세력은 세상 끝 날까지 사라지지 않습니다. 진리를 따라 살려고 할수록 오히려 더 고립되고 위험해집니다. 사탄은 우리를 신앙생활할 수 없게 합니다. 싸움은 언제든지 일어날 수 있습니다. 그러므로 긴장하지 않을 수 없습니다. 긴장하지 않으면, 세상과 타협하고 변절할 수 있습니다. 우리가 사는 이 시대가 그렇습니다.

일상에서는 하나님 나라가 잘 보이지 않습니다. 세상은 돈과 권력에 의해 움직이기 때문에 정신이 없습니다. 이런 세상 속에서 신자가 어떻게 하면 승리할 수 있습니까? 신자로서 어떻게 살아가면 되겠습니까? 에

이기는 성도

스더서가 우리에게 답을 말해 줍니다.

우리는 신앙생활을 대충하려고 해서는 안 됩니다. 영적으로 무장해야 합니다. 영적으로 깨어 있어야 합니다.

"끝으로 너희가 주 안에서와 그 힘의 능력으로 강건하여지고 마귀의 간계를 능히 대적하기 위하여 하나님의 전신 갑주를 입으라 우리의 씨름은 혈과 육을 상대하는 것이 아니요 통치자들과 권세들과 이 어둠의 세상 주관자들과 하늘에 있는 악의 영들을 상대함이라" 엡 6:10-12

통치자들, 권세들, 어둠의 세상 주관자들, 하늘에 있는 악의 영 등 악의 화신, 악의 대리자는 다양합니다. 이들은 성도들과 교회를 공격할 기회를 노리고 있습니다. 그러므로 우리는 늘 무장해야 합니다. 늘 깨어 있어야 합니다. 영적으로 강건해야 합니다.

구원을 위해
쓰임받는다

에스더서는 승리로 마무리됩니다. 우리는 에스더서에서 유다인들이 승리한 이유를 찾아야 합니다. 그 속에는 하나님의 섭리가 있습니다. 하나님은 신실하시며 언약을 지키시는 분입니다. 사람은 끊임없이 실수하고 하나님을 배반하지만, 하나님은 하나님의 백성을 반드시 책임지십니다. 언약 백성은 세상 속에서 하나님의 뜻을 이루는 하나님의 파트너입니다. 우리는 세상 속에서 하나님의 언약 백성으로, 그분의 동역자로 살아갑니다. 세상 속에서 우리의 존재가 미미하게 보일 수 있습니다. 세상 속에서 사람들에게 짓밟히고 무시당할 때도 있습니다. 그러나 우리는 약하지 않습니다. 하나님은 우리를 통해 하나님의 언약을 성취하기 원하시기 때문입니다. 우리를 세상 가운데로 보내신 분은 하나님이십니다. 하나님은 세상 속에 그분의 능력을 드러내시기 위해 우리를 보내셨습니다. 우리 뒤에는 하나님이 계십니다. 하나님이 우리의 백(back)이 되십니다. 그러므로 가슴을 쫙 펴고 살아야 합니다. 세상 사람들의 자랑에 마음을 빼앗겨서는 안 됩니다.

세상 사람들의 자랑은 허상입니다. 믿음의 눈으로 보면, 실상과 허상을 정확하게 구분할 수 있습니다. 다윗의 눈에는 골리앗이 물맷돌로 쓰러뜨릴 수 있는 허상으로 보였습니다. 다윗에게는 하나님만이 실상이었습니다. 에스더서에서도 마찬가지입니다. 하나님이 실세입니다. 아하수에로왕은 허상입니다.

"너희는 택하신 족속이요 왕 같은 제사장들이요 거룩한 나라요 그의 소유가 된 백성이니 이는 너희를 어두운 데서 불러 내어 그의 기이한 빛에

들어가게 하신 이의 아름다운 덕을 선포하게 하려 하심이라" _{벧전 2:9}

하나님이 우리를 택하셨습니다. 우리는 구원받은 하나님의 자녀가 되었습니다. 하나님은 우리를 "왕 같은 제사장"이라고 불러 주시고, 임명하셨습니다. 그러므로 우리는 어디를 가든지 왕 같은 제사장으로 살아야 합니다.

세상 속에 우리를 세우신 하나님의 목적은 분명합니다. 하나님은 세상 사람들이 복 받게 하시려고 우리를 세상에 두셨습니다. 하나님은 아브라함에게 "너를 축복하는 자에게는 내가 복을 내리고 너를 저주하는 자에게는 내가 저주하리니 땅의 모든 족속이 너로 말미암아 복을 얻을 것이라"(창 12:3)고 말씀하셨습니다. 하나님은 아브라함을 통해 땅의 모든 족속에게 복을 주셨습니다. 마찬가지로 우리를 통해 세상이 복을 받을 것입니다.

앞에서 살펴보았지만 모르드개의 운명은 에스더와 유다 민족의 운명과 연결되어 있습니다. 모르드개는 그들을 위해 존재했습니다. 그러므로 모르드개는 자신이 출세한 것으로 만족하지 않았습니다. 공동체를 위해 금식하고 결단했습니다. 바사 제국에서 유다인 모르드개의 역할은 매우 컸습니다. 모르드개의 모든 것은 유다인의 삶에 영향을 끼쳤습니다. 우리도 세상 속에서 그런 그리스도인으로 살아야 합니다. 우리는 땅의 모든 민족이 구원받는 일에 쓰임받는 도구입니다. 그러므로 우리는 매우 중요합니다. 우리가 중요한 만큼, 우리를 통해 구원받아야 할 백성 또한 중요하기 때문에 하나님은 우리를 끝까지 보호하십니다.

하나님의 구원 계획은 성경 전체의 주제입니다. 성경의 모든 이야기 속에는 하나님이 계십니다. 하나님의 구원이 숨어 있습니다. 그러므로 우리는 에스더서에서 하나님의 구원 계획을 보아야 합니다. 하나님은 구원 계획에 따라 유다인들을 택하시고 보호하셨습니다. 하나님의 구원 계획은 누구도 막을 수 없습니다. 사람에 의해 중단될 리 없습니다. 사탄도 하나님의 구원 계획을 방해할 수 없습니다.

에스더서에는 '하나님'이란 말이 기록되어 있지 않습니다. 그렇다고 에스더서에서 하나님을 빼 버린다면 어떻게 되겠습니까? 이야기가 되지 않습니다. 에스더서 속에는 우리가 다 헤아릴 수 없을 만큼 하나님이 개입하신 부분이 많습니다. 모르는 사람은 쉽게 지나칠 수 있지만, 믿음의 사람은 하나님의 개입을 발견할 수 있습니다.

우리 삶에서도 마찬가지입니다. 하나님은 우리의 삶 속에서도 일하십니다. 인정하든 하지 않든 우리의 삶에서 하나님을 제거하면 삶을 해석할 수 없습니다. 모든 것이 엉켜 버립니다. 우리 삶에서 일하고 계시는 하나님을 바라보기 바랍니다. 에스더서를 살펴보면서 믿음의 눈이 생긴 사람은 삶에서 일어난 사건과 일을 우연으로 생각하지 않습니다.

그 속에서 하나님의 섭리를 생각합니다.

하나님이
하시면 된다

모르드개와 에스더 중 누가 에스더서의 주역입니까? 사실 이것은 중요하지 않습니다. 하나님의 일은 하나님이 하십니다. 그러므로 두 사람의 이름이 드러날 이유가 없습니다. 에스더와 모르드개는 환상적으로 동역했습니다. 하나님 나라의 일은 동역하는 것입니다. 그러므로 누가 주역인가를 생각해서는 안 됩니다.

> "유다인 모르드개가 아하수에로왕의 다음이 되고 유다인 중에 크게 존경받고 그의 허다한 형제에게 사랑을 받고 그의 백성의 이익을 도모하며 그의 모든 종족을 안위하였더라" 10:3

모르드개의 리더십이 잘 드러납니다. 모르드개는 자신을 위해 힘을 사용하지 않았습니다. 모르드개는 사람들을 섬기는 데 자신의 힘을 사용했습니다. 모르드개는 종의 원리를 알고 있었습니다. 하나님 나라에는 종이 필요합니다. 종이 되어야 하나님의 역사에 쓰임받을 수 있습니다.

에스더서는 소박하게 끝납니다. 에스더서의 마지막 장에는 에스더가 등장하지 않습니다. 이것은 무슨 의미일까요? 에스더의 역할은 이미 끝났습니다. 그러나 에스더의 삶은 계속되어야 합니다. 에스더서는 10장으로 끝나지만, 이후부터 우리의 삶이 시작됩니다. 이제 우리가 제2의 에스더, 제2의 모르드개가 되어 살아야 합니다. 우리는 새로운 하나님의 이야기를 써야 합니다.

우리는 이 땅에서 나그네로 삽니다. 우리는 이중국적자요 거류민입니다. 정착민이 아닙니다. 우리의 최종 목적지는 하나님 나라입니다. 이 땅에서는 잠시 머물 뿐입니다. 그런데 우리가 이 땅에서 사는 동안 많은 것이 우리를 위협합니다. 우리를 힘들게 하는 것이 많습니다. 이 땅에서의 삶은 고단합니다. 이 땅에서 사는 동안 하나님을 경험하지 못한다면, 우리는 날마다 절망할 수밖에 없을 것입니다.

그러나 하나님의 백성은 은혜 안에 삽니다. 하나님의 은혜가 미치지 않는 곳은 없습니다. 하나님은 본국을 떠나 흩어져 살아가는 유다인들도 보호하셨습니다. 하나님의 백성은 성실하지 못하지만, 하나님은 하나님의 언약을 신실하게 지키십니다. 우리는 에스더서에서 눈에 보이지 않는 하나님의 손을 계속해서 경험했습니다. 하나님은 일상 속에서 끊임없이 일하십니다.

세속적인 세상에서 눈에 보이는 것만 실재한다고 믿으며 살다 보면, 하나님의 일하심을 놓칠 때가 많습니다. 열심히 사는 것만으로는 부족할

이기는 성도

때가 있습니다. 보이지 않는 하나님의 손을 믿지 못한다면, 마음이 조급해질 수밖에 없습니다. 세상 속에서 절망할 수밖에 없습니다. 그러나 우리가 절망하고 염려한다 할지라도, 하나님은 하나님의 목적을 반드시 이루십니다. 하나님의 역사하심을 믿을 때, 우리는 세상에서 당당하게 살 수 있습니다. 모르드개가 그랬습니다. 그는 위기 속에서도 당황하지 않았습니다. 초연하고 담담하게 현실을 받아들였습니다. 모르드개는 하나님이 일하실 것을 믿었습니다. 하나님이 하나님의 백성을 구원하실 것을 믿었습니다. 그래서 에스더를 권면하면서 "네가 왕후의 자리를 얻은 것이 이때를 위함이 아닌지 누가 알겠느냐"(4:14)라고 말할 수 있었습니다.

에스더서는 우리에게 낙관적인 태도를 갖게 합니다. 하나님은 어떤 상황에서도 하나님의 계획과 목적을 반드시 이루신다는 것을 믿으십시오. 하나님이 일하실 것을, 이기게 하실 것을 믿기 바랍니다. 바사 제국 가운데 역사하신 하나님이 지금도 역사하십니다. 하나님은 우리보다 앞서 일하시고 앞길을 인도하십니다. 우리가 하는 일마다 개입하십니다. 믿음의 눈으로 보면 하나님이 선명하게 보입니다. 우리에게는 하나님의 역사를 볼 줄 아는 눈이 필요합니다.

지금도 하나님은 역사를 통치하십니다. 때로는 아무 일도 일어나지 않는 듯해서 답답할 때가 있습니다. 그런 때에도 하나님이 일하시지 않는 것이 아닙니다. 하나님은 정확하고 완전하십니다. 그분은 반전을 일으키십니다. 우리의 생각을 깨뜨려 상상을 뛰어넘는 일을 행하십니다. 소련을 보세요. 시대를 휩쓴 공산주의 종주국이었습니다. 그런데 한순간에 무너져 버렸습니다. 누구도 예상하지 못한 일이었습니다. 독일을 보세요. 서독과 동독이 어느 날 갑자기 놀라운 방법으로 통일했습니다. 사람들이 예측하지 못한 방법으로 베를린 장벽이 무너졌습니다. 독일의 통일을 위해 많은 사람이 기도했습니다. 하나님이 일하셨습니다.

역사는 사람이 계획한 대로 되지 않습니다. 역전의 하나님이 작정하시면 한순간에 모든 것을 뒤집어 놓으십니다. 하나님은 모든 상황을 통제하십니다. 하나님은 반드시 승리하게 하십니다. 하나님이 하시면 됩니다. 우리의 과거, 현재, 미래가 모두 하나님의 손에 있습니다.

살아가는 것이 힘들고 어려워도 낙심하지 마세요. 현실의 벽이 우리 앞을 가로막아도 하나님과 함께 돌파하기 바랍니다. 하나님은 살아 계십니다. 하나님은 일하십니다. 하나님과 함께 날아오르시기 바랍니다.

이기는 성도